MÉTHODE

DE

PLAIN-CHANT.

Noyon.—Imp. de Soulas-Amoudry.

MÉTHODE

DE

PLAIN-CHANT,

Connue sous le nom de Méthode de Noyon,

Dans laquelle sont rassemblés les principes généralement reçus, sans égard pour aucun Diocèse particulier,

SUIVIE

D'UN ESSAI SUR LA SCIENCE DU CLAVIER
et de plusieurs morceaux de chant.

Par F. R. G.,
PRÊTRE DU DIOCÈSE DE BEAUVAIS.

Nouvelle Edition,

MISE DANS UN NOUVEL ORDRE, CORRIGÉE ET AUGMENTÉE PAR L'AUTEUR

Psallite Deo nostro, psallite sapienter.
Chantez les louanges de notre Dieu, chantez-les avec sagesse
Ps. 46, versets 7 et 8.

A NOYON,
CHEZ SOULAS-AMOUDRY, IMPRIMEUR-LIBRAIRE,
1845.

AVERTISSEMENT.

Je ne dirai pas comme un auteur (Paris, 1839) qu'il n'y a pas de bonne Méthode de Chant; je pense, au contraire, que toutes les Méthodes sont bonnes, mais elles peuvent toutes avoir des défauts; je n'excepte ni la mienne ni celle de M. Boquet. C'est au public d'en juger. Je n'ai donc pas l'orgueilleuse prétention de remplir une lacune que nul autre n'a su remplir avant moi; je veux seulement contribuer pour ma part à la propagation de la science du Chant, et principalement du Chant Ecclésiastique.

L'accueil favorable qu'a bien voulu accorder le public à la première édition 1825, toute imparfaite qu'elle était (cette édition ayant été épuisée en peu de temps), m'a engagé à revoir mon petit travail. Il avait été fait sans préméditation et simplement pour obliger un imprimeur qui me l'avait demandé; c'est encore à la demande d'un autre imprimeur que je livre au public mon nouveau travail.

En fait de Méthode de Chant il ne s'agit pas de faire du nouveau, de corriger, ni de réformer ce qui existe, en cela comme dans le langage, c'est l'usage qui fait la règle. Le rôle d'un auteur est donc bien simple, il consiste à exposer les principes suivis par les compositeurs, et généralement reçus.

« La connaissance des modes ou tons, dit M. Fétis, est aujourd'hui la seule difficulté réelle qui doit occuper l'auteur d'un Traité de Plain-Chant. Je me suis toujours étonné, dit-il encore (page 12), que les plus savants n'ont point pensé à l'origine réelle de la tonalité du Plain-Chant. » J'ai donc fait aussi tous mes efforts pour donner dans cette nouvelle édition, en marchant sur les traces de ce grand maître, des notions claires sur l'origine et la nature de la tonalité du Plain-Chant (*Voir* chapitre II, art. 3). J'y ai montré que la musique s'est éloignée de cette tonalité en ce qu'elle n'admet que deux gammes : la majeure et la mineure ; tandis que le Plain-Chant en avait admis sept, qui ont pour base chacune des notes de la gamme. J'ai fait voir comment ces sept gammes ont été doublées par les Grecs, et après eux par les réformateurs du Chant : comment les quatorze gammes ou modes ont été réduits à douze, comment Saint Grégoire fut amené à les réduire à huit, en supprimant les quatre derniers, et enfin comment, aussitôt après Saint Grégoire et jusqu'aujourd'hui, on est retombé naturellement dans les quatre gammes ou modes supprimés ; de sorte que, sauf le nom qu'on leur a donné, nous avons encore aujourd'hui dans presque tous les diocèses les douze modes ou tons des anciens. J'ai cherché même a disséquer le quatrième mode irrégulier en A, qui n'appartient à aucun de ces douze modes, mais qui tient du septième par le corps et du quatrième par la finale. En un mot, j'ai traité cette question avec tout le soin possible.

J'ai fait suivre mon petit Traité d'un Essai sur le Clavier, par préférence à une Méthode de Serpent, que l'on trouve dans beaucoup de Traités du Chant, parce que cet instrument commence à tomber en désuétude et que l'Orgue lui est bien préférable, en ce qu'il contribue plus efficacement à la beauté des Offices, et que, d'un autre côté, cette science est beaucoup plus agréable et qu'elle a besoin d'être propagée.

Puisse cette nouvelle édition être utile et agréable au public et contribuer au progrès et à la perfection du Chant Ecclésiastique ! C'est aussi pour atteindre ce but que j'ai pris le ton du dialogue.

TABLE ALPHABÉTIQUE

DES PRINCIPAUX TERMES USITÉS DANS LE CHANT,

AVEC LEUR DÉFINITION ET LE RENVOI A LA PAGE DE LA MÉTHODE OU ILS SONT TRAITÉS.

A, *mi*, *la*, ou B, *fa*, *si*, ou C *sol*, *ut*, ou D, *la*, *re*, expressions qui signifient la hauteur du ton sur lequel on joue cette pièce sur un instrument. A, *mi*, *la*, et D, *la*, *re*, désignent un mode mineur qui serait joué en *la* ou en *re*. C, *sol*, *ut*, un majeur, etc.

Accords. Sons simultanés, formant une harmonie régulière. Pages 102 et 49

— *parfait*, ou consonnant. Réunion de la tonique, de la tierce, de la quinte et de l'octave. 102 et 50

— *imparfait*, ou dissonant. Réunion de sons où règne la sixte au lieu de quinte. 102 et 50

Apogiature. Note d'agrément usitée dans la musique et quelquefois dans le chant figuré.

Authentes (modes), ou maîtres, ou supérieurs, ou impairs. Modes qui ont toutes leur modulations au-dessus de la tonique. 46

Bande ou portée, ou échelle. Réunion des lignes destinées à recevoir les notes; il y en a quatre dans le Plain-Chant et cinq dans la Musique. 10

Barre. Ligne verticale destinée à séparer les notes qui appartiennent à d'autres mots. 24

— demi ou double. 23 et 24

Bécarre. Signe destiné à détruire l'effet du dièse et du bémol. 19 et 22

Bémol. Signe qui baisse d'un demi-ton la note à laquelle il s'applique. 19 et 21

Cadence ou tremblement. Signe qui indique que la note à laquelle il appartient doit être cadencée. Page 25

— *crochet. Voy.* Crochet. On prend aussi ce mot dans le sens de finale ou terminaison.

Chant. Suite de sons agréables et mélodieux, formés tant en élevant qu'en baissant la voix, et suivant certaines règles. 10

— *Plain. Canto piano ò fermo,* en italien. Chant posé, lent. Chant de l'Église pour l'Office divin.

— *figuré.* Chant mesuré et plus léger. *Voir* Figuré.

Clef. Signe qui fait distinguer les notes sur la portée, elles sont au nombre de trois, tant en Plain-Chant qu'en Musique. 7

Chromatique (gamme). Qui procède par demi-tons. Opposée à gamme diatonique. *Voir* Diatonique. 21

Compairs (modes ou tons). Modes qui ont la même finale ou tonique, comme *re* pour le premier et le deuxième; *mi*, pour le troisième et le quatrième, etc. 47

Concert. Réunion de voix ou d'instruments. 88

Conjoints (sons). Deux notes ou sons de suite et sans intervalle, comme *ut-re, re-mi*, etc. 64

Crochet ou periélèze. Cadence ou modulation servant à indiquer la fin d'une intonation ou d'un morceau. 50 et 64

Degré. Distance qui se trouve en deux notes ou sons conjoints, *ut-re, re-mi*, etc. 15

Demi-ton. Moitié de ton, comme *mi-fa* et *si-ut*, qui sont les deux demi-tons diatoniques, parce qu'ils entrent dans la gamme. 21

Diagramme. Gamme, échelle, ou système chez les Grecs. *Voy.* Gamme. 14

Diapason. Instrument d'acier à deux branches, qui rendent un son fixe lorsqu'on leur donne une secousse.

Diatonique (gamme). Qui procède par tons, ou

MÉTHODE
DE CHANT.

INTRODUCTION.

1. Le Chant est un art d'agrément qui, en supposant quelque aptitude, coûte assez peu de peine; et l'on peut dire qu'il n'est pas glorieux de le posséder, mais qu'il est honteux de l'ignorer. C'est un des premiers besoins de l'homme réuni en société, et si on le considère par rapport à la religion, c'est un des premiers devoirs de l'homme raisonnable; chanter les louanges de son Créateur au nom des créatures insensibles et irraisonnables qui sont à notre usage, c'est acquitter la dette sacrée de la reconnaissance, c'est remplir la fonction des Anges, c'est préluder ici bas à ce qui doit faire notre occupation et notre bonheur dans le Ciel. Aussi le chant doit-il incontestablement à l'esprit religieux, sinon son origine, du moins son développement et sa perfection. Pour s'en convaincre il suffit de se rappeller les noms de Saint

AMBROISE mort en 397, de SAINT GRÉGOIRE, élu pape en 590, et de GUI, d'Arrezzo. Ce dernier écrivait à l'occasion de sa nouvelle méthode de chant vers l'an 1028 : « J'espère que ceux qui » viendront après nous, prieront Dieu pour la ré- » mission de nos péchés; puisque au lieu qu'en dix » ans à peine pouvait-on acquérir une science » imparfaite du chant, nous faisons un chantre » en un an ou tout au plus en deux. »

Il est reconnu que le Plain-Chant, précieux par son antiquité, vénérable par sa destination, offre des beautés réelles, est riche de mélodies sublimes, pleines de puissance, et qui font des impressions vives et profondes. Le Chant si simple de la Préface touchait Rousseau jusqu'aux larmes! Quoi de plus beau que le *Stabat*, le *Dies iræ*, le *Vexilla*!!! Notre joyeux *O Filii*, notre inimitable *Adeste Fideles*, et surtout notre Messe de Dumont, n'ont rien à envier à la musique elle-même. En Allemagne on en a toujours cultivé l'étude avec le plus grand soin.

2. Dans le dessein que j'ai, mon cher Philharmone, de vous initier à cette science, je veux vous épargner la sécheresse des définitions et des principes, je parlerai d'abord à vos sens plutôt qu'à votre esprit, je commencerai par la pratique, viendra ensuite la théorie.

Je mettrai d'abord sous vos yeux un morceau de chant, puis je vous l'expliquerai dans tous ses détails, et vous apprendrai à le traduire, c'est-à-dire à le chanter : c'est ainsi que j'entre en matière.

3.

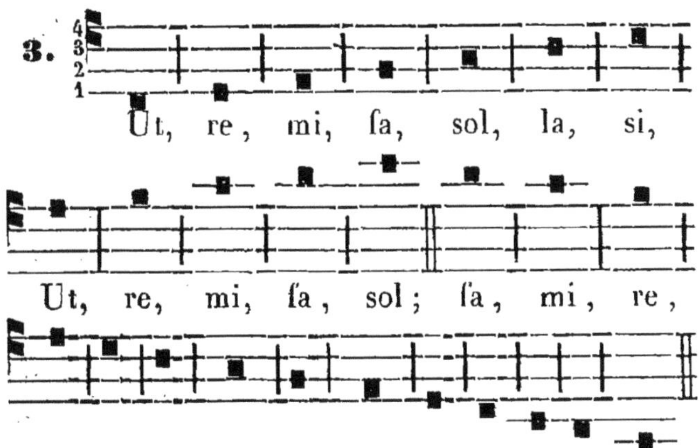

4.

1re *Strophe.* C'est Dieu qui fit le monde et la
2^e *Strophe.* Il en- ri-chit nos champs et de

terre et les Cieux, C'est lui qui nous a
fruits et de fleurs, Mê- me sur les in-

faits, nous sommes sous ses yeux.
grats, il répand ses fa- veurs !

Si vous êtes plusieurs, chantez ensemble le

chœur suivant; prenez chacun une des trois lignes de chant.

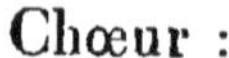

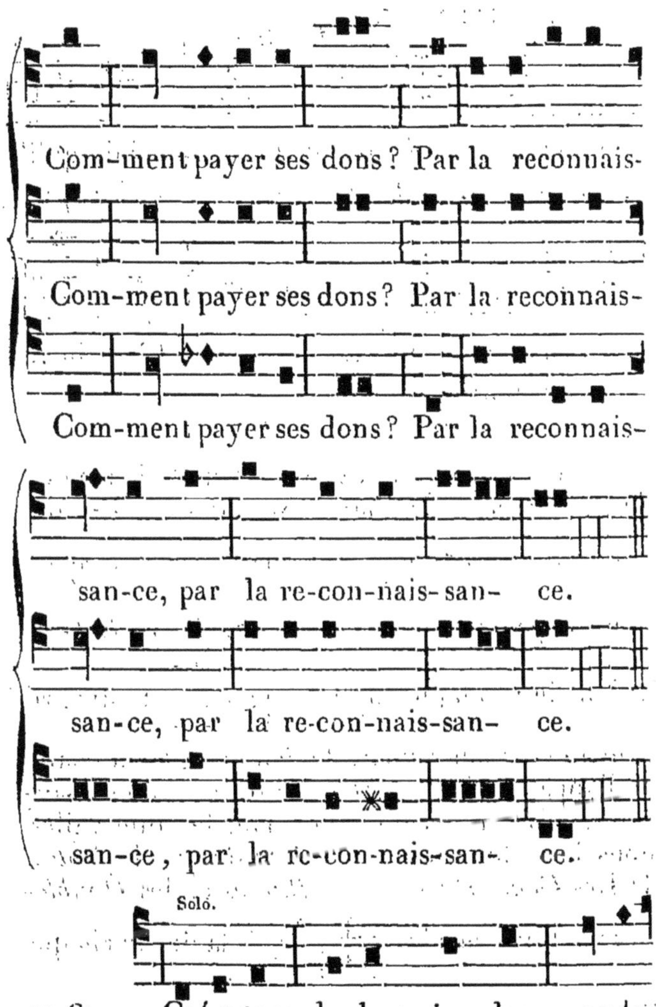

1re *Strop.* Cré-a-teur des humains, des mondes
2e *Strop.* Que notre ardeur pour lui croisse de

5. Vous remarquerez, mon cher Philharmone, dans cette pièce de chant six choses : 1° Des traces ou lignes au nombre de quatre c'est ce que nous appelons une *Portée*, *Bande* ou *Echelle*. 2° Un signe adapté sur ces traces et qui se répète au commencement de chaque ligne de chant, on l'appelle *Clef*. 3° Des points carrés ou losanges semés sur ces lignes et dans les intervalles, nous leur donnons le nom commun de *Notes*. 4° Des *Demi-Barres*, des *Barres* et des *Double-Barres* transversales 5° A la fin de chaque ligne un signe plus petit que que les notes avec une queue plus ou moins longue, suivant la place qu'il occupe, c'est le *Guidon*. 6° En dessous des traces une ligne d'écriture composée de mots latins ou français. (n° 4, vous trouvez deux lignes de mots, mais ici c'est par extraordinaire et uniquement pour abréger). Il s'agit de vous expliquer ces signes et quelques autres qui s'emploient dans le Plain-Chant, mais qui ne se rencontrent pas dans ce peu de lignes. C'est ce qui va faire l'objet du chapitre suivant.

CHAPITRE PREMIER.

ARTICLE PREMIER.

Des Clefs. (*)

Clef d'*ut* sur la 4e l. Clef d'*ut* sur la 3e l. Clef de *fa*. Ces clefs sont peu en usage en France.

(*) Ces signes prennent le nom de Clefs par métaphore, parce qu'elles sont une espèce de secret qui introduit pour ainsi dire dans une pièce de chant, en déterminant le nom des notes qui la composent, et sans lequel on ne peut en nommer une seule.

6. Le fameux Gui, à qui nous devons l'invention des clefs, en admettait trois : la clef d'*ut*, de *fa*, et de *sol ;* mais l'usage a prévalu depuis de n'en admettre que deux, la clef d'*ut* et la clef de *fa ;* par leurs différentes positions sur la portée elles satisfont à tous les besoins (*).

7. Chacune des clefs ne se place ordinairement que sur la 4me et la 3me ligne (on compte les lignes

(*) La multiplicité des clefs et même leur différente position, qui compliquent tant la science du chant, est une nécessité qui provient de la variété des huit modes, puisque (comme nous le dirons quand nous parlerons de ces modes) chacun d'eux a son étendue fixée d'une manière particulière, et qu'on ne pourrait pas, par exemple, employer uniquement la clef d'*ut* sur la quatrième ligne, attendu qu'elle ne pourrait pas fournir l'étendue propre à certains modes, comme les cinquième et septième tons, qui exigent quelquefois le *fa* d'en bas ou celui d'en haut, et le *sol* tant au grave qu'à l'aigu ; d'ailleurs il y a des voix qui peuvent monter jusqu'à trois octaves : or avec cette portée et une seule clef, on ne peut écrire ces octaves, attendu que les notes dépasseraient trop les lignes dans le haut comme dans le bas, et que la lecture aussi bien que l'écriture en deviendrait très difficile.

Vous remarquerez seulement plus tard que la clef de *sol* de Gui, avait son avantage, qui était de détruire le *si* bémol continuel dans toute une pièce, ce qui oblige les élèves à dénaturer le *si*, que pour éviter la confusion l'on avait pris le parti alors d'appeler *za ;* tandis qu'en appelant clef de *sol* ce que nous appelons clef d'*ut*, armée d'un *si* bémol, toutes les notes gardent leur degré naturel, puisqu'au lieu de dire *ut, za, la*. il disait *sol, fa, mi ;* vous comprendrez ceci dans la suite. En fait, on admet encore la clef de *sol* lorsqu'on dit cinquième et sixième ton en C, puisque d'après la clef d'*ut* ils seraient en F, à moins de supposer une clef d'*ut* sur la deuxième ligne, ce qui est peu usité et ne se trouve pas ordinairement dans nos livres de chant.

de la portée en commençant par le bas (3)); mais elles peuvent se placer sur chacune des quatre lignes; jamais dans les espaces. Il est d'usage de placer la clef en tête de chaque ligne d'une pièce de chant.

Vous connoissez déjà l'effet de la Clef d'*ut* sur la 4me ligne (3).

*Effet de la clef d'*ut *sur la* 3me *et* 2me *ligne.*

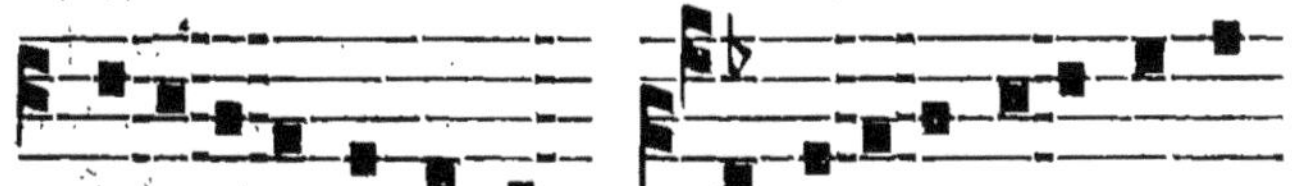

Ut si la sol fa mi re ut. Sol la si ut re mi fa sol.

L'effet de ces deux dernières clefs sera le même si, à l'exemple de Gui, on appelle la seconde clef de *sol*. Si on l'appelle clef d'*ut*, le nom des notes sera différent; mais ils représenteront les mêmes sons (6. note).

*Effet de la clef d'*ut *sur la* 1re *ligne.*

Ut re mi fa sol la si ut.

Effet de la clef de fa.

Fa mi re ut si la sol fa.

Vous voyez par là, mon cher Philharmone,

comment la Clef désigne seule le nom de toutes les notes d'une pièce. On appelle, dans chaque clef *ut*, *fa* ou *sol*, la note qui se trouve sur la ligne qui est entre les deux carrés de la clef, et les autres notes suivent selon leur ordre, qui est invariable.

8. L'organe humain qui n'exécute guère ordinairement qu'une octave avec aisance peut cependant descendre à des sons plus graves et monter à des sons plus aigus, on pourrait, comme on le voit souvent dans le chant Grégorien, monter ou baisser accidentellement la clef, mais comme cet *extra* ne dure pas, on ajoute maintenant à la portée des lignes supplémentaires auxquelles l'on ne donne que la longueur nécessaire pour porter les notes qu'on a besoin d'y placer, et cela au grave comme à l'aigu. (*Voyez le* n° 4.)

ARTICLE II.

De la Portée (*) *et des Notes.*

9. Vous savez, mon cher Philharmone, que chanter c'est produire une suite de sons agréables et mélodieux en suivant certaines règles, et cela en élevant tour à tour et en baissant la voix; or, la portée ou échelle, comme semble le faire entendre ce nom, est destinée à représenter sur le

---

(*) Ce mot vient de ce que ces lignes reçoivent facilement neuf notes ou degrés qui sont l'étendue ou la *Portée* d'une voix ordinaire.

papier et à rendre sensibles ces différens degrés d'élévation de la voix, et cela par le moyen des notes que l'on place dessus, à des degrés différens, comme sur une échelle.

10. Chaque note représentant un son différent et occupant pour cela un degré différent sur l'échelle, porte aussi un nom particulier qui la distingue des autres. Les Grecs, qui passent pour les inventeurs du chant comme de toutes les sciences, n'avaient point de portée, mais ils représentaient ces différens degrés par seize signes assez bizarres, qu'ils écrivaient au-dessus des mots et les nommaient *to, ta, té, to; to, ta, té, to,* et ainsi d'un tetracorde (T *) à l'autre jusqu'au seizième degré.

Les anciens Latins, vers l'an 3714, écrivoient aussi au-dessus de chaque syllabe des mots, pour exprimer les degrés, les quinze premières lettres de l'alphabet, dont chaque note prenoit le nom.

Mais saint Grégoire, vers l'an de notre ère 594, ayant remarqué les propriétés de l'octave, c'est-à-dire que la huitième note n'étoit que la répétition à l'aigu de la première, au point qu'une oreille peu exercée la confondrait, perfectionna ce système, en réduisant les lettres au nombre de sept, qu'il répétoit pour l'octave suivante, en changeant la forme de ces lettres. Il appela donc les notes et les désigna A, B, C,

---

(*) La marque (T.) signifie, voir la table à la fin du livre.

D, E, F, G ; a, b, c, d, e, f, g ; $\genfrac{}{}{0pt}{}{a,}{a,}$ $\genfrac{}{}{0pt}{}{b,}{b,}$ $\genfrac{}{}{0pt}{}{c,}{c,}$ etc. (*)

(*) Les sept lettres qui représentaient anciennement les sons de la gamme ont été réunies dans ce vers,

*C*orde *D*eum *E*t *F*idibus *G*emituque *A*lto *B*enedicam ;

qui peut se traduire ainsi :

De tout mon cœur,
Par ma lyre et mes chants je louerai le Seigneur.

Comme aussi un italien nommé Angelo Berardi, a renfermé le nom des notes de Gui dans ce vers.

*Ut Re*levet *Mi*serum *Fa*tum *Sol*itosque *La*bores,

dont le sens est :

Pour abréger nos travaux et nos peines.

Il est probable que ce vers a été fait à la louange de Gui, à l'occasion de sa méthode qui a fait une si grande révolution dans la science du chant.

On conserve encore aujourd'hui l'usage de ces lettres dans la psalmodie pour désigner la finale des différens tons. On dit premier ton en D, deuxième ton en A, etc.

Les Allemands sont les seuls qui aient conservé si longtemps l'usage des lettres. Les Anglais ne se servaient dans des temps très rapprochés, que des quatre syllabes *mi, fa, sol, la*. Les Italiens ont changé *ut* en *do*, ce qu'on a essayé d'introduire en France sans raison comme sans succès ; j'ai cependant vu plusieurs maîtres qui admettent cette innovation, et la suivent dans leurs leçons.

Du reste, le système actuel n'est pas encore au plus haut degré de perfection. « Rousseau dit qu'on peut inventer dix systèmes tous meilleurs, mais que c'est folie de le tenter. » Sans parler du système en chiffres, M. Conen de Prépéan, promet au public, dans sa méthode de Sténographie, un excellent système. Il existe un Bréviaire romain noté selon un nouveau système de chant, très court, très facile et très sûr, approuvé par les membres de l'Academie et par les plus habiles musiciens de Paris, 1728, chez Pierre Simon. Toutes

Ces lettres correspondaient à ce que nous nommons *la, si, ut, re, mi, fa, sol, la, si, ut, re, mi, etc.* On les plaçait d'abord également au-dessus des syllabes, mais bientôt on commença à les écrire sur chaque ligne d'une échelle de 8 lignes. Ce fut le célèbre Gui qui réduisit les 8 lignes à 4, et plaça les notes sur les lignes et dans les intervalles comme nous le faisons aujourd'hui, y ajouta les Clefs, et donna aux notes le nom qu'elles conservent encore.

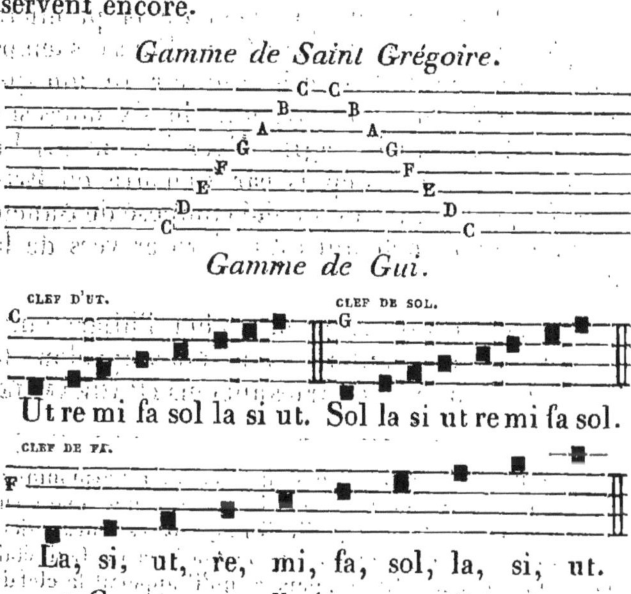

Gamme actuelle (*voyez* nos 3 *et* 7).

---

ces tentatives ont échoué jusqu'alors, et on s'en tient à l'échelle de quatre lignes pour le Plain-Chant et cinq pour la musique.

Aujourd'hui, nous avons seulement changé le caractère des clefs (*Voyez* n° 3), et supprimé la clef de sol. Nous allons chanter ensemble les notes nouvelles, vous les retiendrez mieux, en même temps que vous sentirez les degrés qu'elles expriment. (*Voyez* n° 3.)

Chantez maintenant tout seul... C'est bien,

Ces noms bizarres et insignifiants sont la première syllabe de chaque vers de la première strophe de l'hymne de saint Jean. Dans ces temps reculés on chantait cette hymne sur un ton qui offre en effet une progression de six notes sur les syllabes dont il s'agit. (Exercices n° 2.) Le *si* ou *za*, inventé depuis par Lemaire ou Ericius Dupuis, a sans doute été composé de *S*ancte *I*oannes, ou *Sa*ncte qui est le dernier vers de la strophe.

11. Quoi qu'il en soit, mon cher Philarmone, vous venez de chanter ce que nous appelons la Gamme (*), nommée par les anciens DIAGRAMME.

(*) Le mot de Gamme, aussi appelée Main harmonique, parce que Gui employa d'abord la figure d'une main sur les différents doigts de laquelle il rangeait les notes, vient de ce que la première note UT de la Gamme de Gui était représentée par la lettre G, dans ce qu'il appelait la clef du Bécarre; et cette lettre s'appelle en grec GAMMA. D'autres le font venir de ce que Gui ayant ajouté une corde ou note à la Gamme des Grecs dont on s'était servi jusqu'à lui; comme il y en avait six indiquées par A, B, C, D, E, F, il désigna la septième par la même lettre G; de sorte que l'on s'accorde à dire que Gamme vient du grec *Gamma*.

Appliquez-vous bien à la chanter juste, car c'est là le fondement de toute la science du chant.

12. Remarquez que les sept degrés qui composent la gamme ne sont pas tous égaux. Il y en a deux qui n'ont chacun que la moitié de l'élévation des autres, égaux entre eux, ce sont les degrés MI-FA et SI-UT, ou bien LA-SI bémol. On les appelle pour cette raison demi-tons, et l'on dit que toute Gamme, soit majeure soit mineure (52 et T) (*), se compose de cinq tons et deux demi-tons. (Exercices n° 1) La nature l'exige ainsi, et quatre tons de suite seroient trop durs à l'oreille et même inexécutables.

13. Mais, me direz-vous, qu'est-ce qu'un ton (**), un demi-ton et un intervalle? Un ton est

(*) J'appelle Gamme une suite de sons qui s'élève ou descend par degré, depuis une note donnée, par exemple *ut*, jusqu'à la huitième supérieure ou inférieure. Dans le premier cas, c'est une Gamme ascendante; dans le second cas, c'est une Gamme descendante. Lorsque les trois premières notes, partant de la finale ou du commencement, en montant, forment une tierce majeure, comme *ut, re, mi* (13 et note relative), on l'appelle *Gamme majeure*; et lorsque les mêmes notes forment une tierce mineure, comme *la, si, ut*, elle s'appelle *Gamme mineure*. Nous aurons occasion de revenir sur les différentes Gammes, lorsque nous parlerons des modes, attendu que la diversité des modes ou tons ne provient que de la diversité des Gammes.

(**) Le mot de ton est devenu fort ambigu dans le chant, parce qu'on lui donne jusqu'à trois ou quatre significations. Ici nous l'employons pour signifier degré, et demi ton, demi-degré. On appelle aussi ton, la manière de moduler une pièce; ainsi l'on dit ton majeur, ton mineur, 1er, 2e ton, etc. Pour parler avec un peu de clarté, nous dirons que si l'on

la distance qui se trouve entre deux notes ou sons conjoints (à l'exclusion de MI-FA, et SI-UT, ou LA-SI bémol), qui sont des demi-tons. Un intervalle est la distance qui se trouve entre un son ou note, et un autre son quelconque conjoint ou non. D'où il suit 1° que tous les degrés sont des intervalles, mais non *vicé versâ* : 2° qu'il y a des intervalles de seconde, de tierce, de quarte, de quinte, etc.; vous comprenez ces mots (*).

14. Si l'on chante la Gamme comme nous l'avons fait jusqu'alors, en n'omettant aucune note, on dit que l'on procède par degrés conjoints ou diatoniques : mais si l'on franchit des intervalles plus grands qu'un ton, alors on procède par degrés disjoints.

15. Les intervalles qui peuvent se rencontrer

---

prend le chant d'une note isolée, sans la considérer par rapport aux autres notes, c'est un son, c'est le ton simple; si l'on compare ensemble deux notes ou sons conjoints, la différence s'appelle un ton, c'est le ton relatif; mais si l'on compare des phrases ou modulations, la différence s'appelle mode; ainsi on devrait dire mode majeur, mode mineur, 1er mode, 2e mode, 3e mode......., 8e mode (52 et T).

(*) Dans le langage commun on confond souvent les intervalles de seconde, de tierce, etc., avec la seconde, la tierce, etc., ce qui est cependant bien différent. La distance *ut-mi, ut-fa, re-la*, sont des intervalles de tierce, de quarte et de quinte. La tierce, la quarte et la quinte véritable est : *ut re mi ; ut re mi, fa; re mi fa sol la.*

Le plus petit intervalle que puisse exécuter la voix humaine est un demi-ton, et l'intervalle d'un ton peut toujours se diviser en deux demi-ton, ce qui se fait au moyen du dièze et du bémol, lorsqu'on veut transposer une Gamme. *(Voy. les* n° 28, 29, 30).

dans la Gamme sont au nombre de huit : intervalle d'un demi-ton, de seconde ou d'un ton, de tierce, de quarte, de quinte, de sixte, de septième et d'octave (*). (Exercices, n° 2.)

16. Il y a neuf sortes de modulations en degrés conjoints, savoir : l'unisson, le demi-ton ou seconde mineure, le ton appellé seconde majeure, la tierce mineure, la majeure, la quarte, la quinte, la sixième, la septième et l'octave. On appelle octave ou double octave supérieure, le son séparé d'un autre par une ou deux octaves au grave ; et octave ou double octave inférieure, le son séparé d'un autre par une ou deux octaves à l'aigu.

J'ai été obligé de parler un peu longuement à votre esprit, mon cher Philarmone, j'en reviens à vos yeux et à vos oreilles. Chantons ensemble de nouveau notre Gamme, et ensuite des secondes, des tierces, etc., et des intervalles. (Exercices n° 2.)

Chantez avec moi,... chantez seul... Bien.

17. Une note peut avoir moitié ou double de la durée d'une autre ; or, pour désigner la valeur des notes ou le temps qu'elles doivent durer, on emploie quatre caractères ou signes, de sorte que leur forme désigne leur valeur. Vous trouverez ces caractères dans notre pièce de chant.

(*) Le Plain-Chant romain n'admet pas d'intervalle plus grand que la quinte, mais dans le Plain-Chant de la plupart des diocèses on les admet tous.

Une double ■■ vaut deux carrées ■ ■, ou une note à queue et une losange ▜ ◆; quatre losanges ◆◆◆◆ ou deux losanges et deux romboïdes ◆◆ ⬥⬥.

Dans le chant Grégorien on n'admet que trois espèces de notes : la longue ▜ ou ▛; la brève ■, et la semi-brève ◆.

La carrée vaut un temps, et la double deux temps (37). La note à queue vaut un temps et demi, suivie d'une losange, elles valent ensemble deux temps. Dans quelques diocèses elles ne valent ensemble qu'un temps. La note à queue (*) à la fin d'un morceau ou d'une intonation vaut seule deux temps, et en donne deux à celle qui la suit. La rhomboïde est moins brève que la losange, et ne forme qu'un temps avec elle. La losange vaut la moitié d'un temps qui s'emprunte presque toujours sur une note à queue qui la précède, mais seulement dans quelques diocèses, dans les autres elles valent ensemble deux temps. L'usage presque général est que la losange devient carrée dans la pratique, lorsque l'on chante en chœur avec un serpent.

(*) Il ne faut pas confondre la note à queue avec la liaison, lorsque deux notes appartiennent à la même syllabe et qu'elles expriment un intervalle assez considérable, comme *ut-fa; ut-sol; re-la;* on lie les deux notes par une queue, qui ne touche nullement à leur valeur. (Voir Exercice n° 1, Gammes en intervalles de quartes et de quintes).

ARTICLE III.

Des autres signes du Plain-Chant.

Je suis enchanté des trois condisciples Félix soprano, Théodule ténor, et Antoine basso, que vous m'avez amenés. Nous les aurons bientôt mis au courant de ce que nous avons appris; ils marcheront de pair avec vous, et seront pour vous un sujet d'émulation.

18. Outre la clef et les notes dont nous avons parlé, on emploie dans le Plain-Chant dix autres signes, dont huit, qui se placent sur ou entre les lignes de la portée, et deux en dessous, entre les mots.

Les huit qui se placent au-dessus ou entre les cordes ou lignes, sont *la demi-barre, la barre, la double-barre, le demi-cercle ou chapeau, le guidon, le dièse, le bémol,* et *le bécarre.* Les deux qui se placent au-dessous, sont l'*étoile* * et la *croix* †.

Exemple de ces signes.

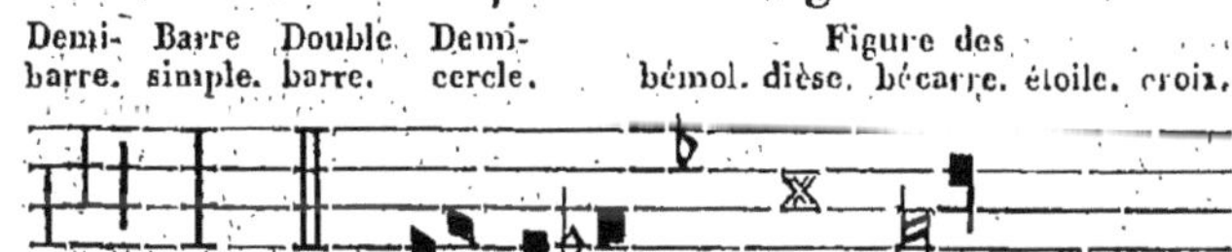

§. Ier *Du Bémol, du Dièse et du Bécarre.*

20. Les démi-tons dont nous venons de parler, sont naturels dans les cas que nous avons cités, mais ils peuvent être changés dans une pièce, et élevés au dégré ou ton entier, ainsi que tous les autres tons qui peuvent de même être élevés ou baissés par le moyen de certains signes. Ils sont au nombre de trois : *Le Dièse*, *le Bémol* et *le Bécarre*.

21. Le dièse (*) sert à faire élever d'un démi-

(*) Dièse est un mot grec (*diesis*), qui signifie transport, élévation. Les anciens ne connaissaient pas le dièse. (Rousseau croit qu'il fut inventé par un nommé Jean des Murs, célèbre musicien.) Ils ne connaissaient que leur B carré : ils appellaient toutes les autres notes *tons fixe et invariables*. Aujourd'hui même, il y a beaucoup de diocèses où ils ne sont pas en usage; mais on les observe dans la pratique sans y penser, tant ils sont naturels dans certains cas, et pour en citer un exemple, quel est le diocèse où le dièse n'est pas en usage, qui ne chante, comme partout, cette fin de strophe de la prose *Lauda Sion ?* (19)

Dans le système des muances, mal à propos attribué à Gui, le B représentait quelquefois le *mi* : savoir dans la clef du bécarre. Comme dans la suite on a imaginé de faire varier

ton le son de la note qui le suit et à laquelle il est appliqué. Il se met dans le Plain-Chant le plus ordinairement sur les notes *fa*, *ut*, plus rarement sur *re* et *sol*. Son effet est entièrement opposé à celui du bémol (*), il y a des cas où l'oreille dit qu'il seroit mieux de le faire, je ne blamerais pas un chantre qui le ferait dans ce cas, quoiqu'il ne soit pas marqué dans le texte.

22. Le bémol sert à faire baisser d'un demi-ton le son de la note qu'il affecte. C'est ordinairement, dans le plain-chant, le *si* et le *mi* : anciennement ces deux notes prenoient dans ce cas le nom de *za* et de *ma*, mais cet usage est tombé et regardé comme suranné : néanmoins nous nous servirons de ces noms, surtout dans les commencements, pour vous aider à distinguer le naturel de l'accidentel.

---

le *mi* comme le *si*, on se trouva comme entraîné naturellement à dire *mi* bémol, *mi* bécarre. Dans la musique, on a étendu ceci bien plus loin; et on dit encore aujourd'hui *la* bémol, *re* bémol, etc.

(*) Par le moyen du dièse et du bémol on divise la gamme entière en douze demi-tons; une gamme qui procède ainsi s'appelle gamme Chromatique, par opposition à la gamme naturelle, qui s'appelle gamme Diatonique : le même demi-ton peut s'écrire et s'appeler de deux manières : *ut* dièse et *re* bémol, *re* dièse et *mi* bémol sont quatre expressions qui ne signifient que deux demi-tons ; il en est de même des autres ; cela vient de ce que le dièse élevant, que le bémol baissant d'un demi ton les notes qu'ils affectent, il est clair, par exemple, que *re* bémol étant le *re* naturel baissé d'un demi ton, il se trouvera être précisement l'*ut*, élevé d'un demi ton, ou l'*ut* dièse : *ut* dièse égale *re* bémol, mais ceci ne regarde que la musique.

23. Le bémol, ainsi que le dièse et le bécarre, se placent toujours sur la même ligne ou le même interligne que la note qu'il doit affecter. Lorsqu'il est placé immédiatement après la clef, et à la tête d'une pièce, il doit s'observer dans toute la pièce, même à l'octave, et alors on le répète à chaque ligne comme la clef: (voir au 5me ou au 6me ton). Mais si on le rencontre dans le cours d'un morceau, il n'affecte que la note qui le suit, soit immédiatement, soit médiatement (ce qui arrive lorsque la note affectée n'est pas la première d'une syllabe,) à moins que cette note ne soit répétée plusieurs fois dans la même modulation (ordinairement le même mot), et qu'il n'y ait point de signe contraire, c'est-à-dire de bécarre.

24. Le Bécarre ne sert qu'à détruire l'effet soit du dièse, soit du bémol, et ne se met jamais qu'après un de ces signes. (Plus haut OSTIUM... DIES.) Son effet est donc de remettre dans son ton naturel la note dièsée ou bemolisée, c'est-à-dire que le dièse aurait élevée ou le bémol abaissée.

25. Si le bémol est placé à la clef d'un morceau, le bécarre qui le détruit ne le fait qu'accidentellement et pour une note; si, au contraire, le bémol n'est qu'accidentel, une fois qu'un bécarre l'a détruit, il ne s'observe plus à moins qu'il ne soit répété.

Il est facile, mon cher Philarmone, de comprendre la pratique de ces trois signes.

Répétez-moi votre gamme (*Voy.* n° 3). *C'est très-bien...*

Félix, à votre tour.... Pas mal....

Thodule, chantez de même, et faites bien attention aux deux demi tons MI-FA, SI-UT : *en montant*, UT-SI *et* FA-MI *en descendant... Parfaitement bien...*

Vous avez entendu, mon cher Antoine ; faites de même... Bien...

Hé bien, lorsque vous verrez arriver un bémol, supposez que la note qui le précède est la note MI, et chantez le ton FA, si c'est en montant ; si c'est en descendant, supposez alors SOL, et faites encore le ton de FA.

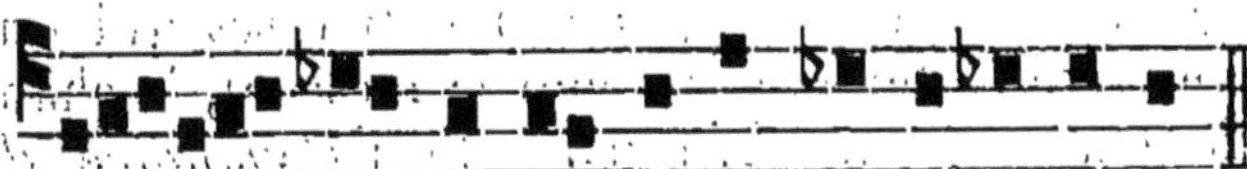

mi fa. sol fa mi fa fa mi
Au lieu de la si. ut si la si si la.

Si vous rencontrez un dièse (et dans le Plain-Chant, ils ne se trouvent ordinairement qu'en descendant), alors à la dernière note supposez *fa*, et descendez au *mi*.

§ II. *De la Demi-Barre, de la Barre simple, et de la Double Barre.*

25. La demi-barre sert, dans le Plain-Chant, à marquer la séparation de chaque mot ; sa position est relative à celle de la note qui la suit, c'est-à-dire que, si la note suivante se trouve dans le centre de la portée, la demi-barre se pose aussi dans le centre, si la note est placée au-dessus ou au-dessous du centre, la demi-barre l'est pareillement.

26. Dans le Plain-Chant figuré ou mesuré, dont nous parlerons plus loin, elle sert à séparer chaque mesure, ainsi que la barre simple, suivant l'usage des diocèses; et alors elle se place toujours dans le milieu de la portée, parce qu'elle n'a rapport qu'à la valeur des notes et non à leur position.

27. La barre simple sert à indiquer la terminaison de la lettre et du chant; elle se place après chaque virgule, deux points ou point, lorsque la pièce n'est pas encore terminée. Dans le chant figuré elle termine (dans les diocèses qui ont employé la demi-barre pour la mesure), le chant de chaque vers. L'auteur de l'*Hymnaire de Noyon* veut que l'on s'arrête à la fin de chaque vers à la barre, mais ce précepte n'est pas suivi. Il est opposé à la mesure qu'il faudrait alors rompre continuellement, il est opposé en même temps au bon sens: comme dans ce passage:

Thure dùm numen celebratur; auro
Rex: homo Myrrha, etc.

On voit que tout engage à suivre rigoureusement la mesure: aussi le fait-on partout.

28. La double barre sert, dans toutes les pièces, à indiquer les intonation, les reprises, les finales et les réclames, etc.

§ III. *Du Demi-Cercle ou Chapeau, du Guidon, de l'Etoile et de la Croix.*

29. Le demi-cercle ou chapeau, qui se pose au-dessus ou au-dessous des lignes de la portée, selon que les notes pour lesquelles il est employé sont dans le haut ou dans le bas, sert à lier ensemble les notes qu'il embrasse, et à indiquer qu'elles appartiennent à la même syllabe, quoiqu'elles ne soient pas jointes dans la copie, pour quelque raison, comme le ✳ et le ℞ interposé. On s'en sert principalement dans le chant figuré, rarement dans le Plain-Chant.

30. Le guidon a la figure d'une demi-note, avec une queue soit en haut soit en bas, il se place à l'extrêmité finale de chaque portée, sur la ligne où doit être placée la première note de la portée suivante, pour l'annoncer d'avance.

Je n'ai pas parlé de la cadence ou tremblement + (43) qui se place au-dessus ou au-dessous d'une note pour marquer qu'elle doit être cadencée ; c'est parce que ce signe n'est presque pas employé, et encore moins exécuté.

31. L'étoile se place avec les mots et les lettres. Dans la psalmodie elle indique la médiante de chaque verset, et dans les répons, la réclame qui doit se faire après le verset et le *Gloria*.

32. La croix se place également avec la lettre ; et, lorsqu'il se trouve deux réclames dans un répons, elle indique la seconde.

On trouvera des exemples de l'étoile et de la croix à la page cxiv des Exercices :* *Venite, ado-*

remus, etc., et ✝ *Natum videte*, ainsi que dans les pages suivantes.

Il ne me reste qu'un mot à vous dire sur les paroles latines ou françaises que vous trouvez au-dessous de la portée. Chaque syllabe est placée directement sous la note ou les notes qui s'y rapportent. Lorsque plusieurs notes appartiennent à la même syllabe, elles sont rapprochées et se touchent pour ainsi dire, et dans ce cas, lorsqu'elles forment un intervalle on a coutume de les unir par un trait. Il ne faut pas confondre ces notes avec la note à queue, dont nous avons parlé, car la queue de celle-ci ne conduit à aucune autre note (17). (Voir Exercices, Gammes par intervalles de quarte et de quinte.) Il y a toujours une certaine distance entre les notes qui appartiennent à des syllabes différentes, et celles qui appartiennent à des mots différents, sont séparées par une demi-barre (25).

Répétons maintenant notre gamme (3) *et notre pièce* (4): C'est Dieu qui...... *Vous voyez, mon cher Philarmone, que vos trois condisciples sont aussi forts que vous; dans peu de temps, ils pourront chanter chacun une partie différente et nous ferons un concert. Mais continuons d'apprendre les principes.*

Avant d'aller plus loin, je vous ferai observer, mes amis, que j'ai fait un grand pas dans l'accomplissement de la tâche que je me suis imposée, puisque vous ne trouverez plus dans votre pièce aucun signe qui vous embarrasse, si ce n'est une espèce de demi-barre, que j'appelle silence, et qui a rapport au Plain-Chant figuré (35—42), mais dont vous pouvez vous passer pour le moment; il en est de même de toute autre pièce, et sous le rapport de la lecture et de l'intonation ou chant des notes, il ne vous manque plus que l'exercice; c'est le seul moyen d'acquérir la facilité du chant, et l'assurance nécessaire pour ne pas faire de fautes: c'est là ce que je ne puis vous donner, et qu'il faut acquérir vous-mêmes; vous y parviendrez en répétant vos exercices, n° 1. *Appliquez-vous bien à exécuter selon les règles vos gammes et vos intervalles; nous chanterons notre pièce par forme de récréation, mais nous ne pourrons passer au chant des autres pièces que lorsque nous saurons parfaitement solfier* (Γ) *la gamme et les intervalles; encore faudra-t-il alors solfier la pièce avant de la chanter, et même dans les commencements solfier toutes les notes d'un mot avant de chanter le mot lui-même, afin de vous bien graver dans l'esprit, qu'en chantant les mots, il faut mentalement solfier toutes les notes: quiconque ferait le contraire, sera toujours un fort mauvais chantre, un chantre routinier, et sujet à faire beaucoup de fautes. Nous ne nous exercerons même d'abord que dans la clef d'*UT *sur la quatrième ligne, et nous ne passerons successivement aux autres positions et à l'autre clef, que lorsque nous serons bien au courant; ce sera le moyen de ne pas mettre de confusion dans nos idées.*

33. Vous n'oublierez pas, soit en solfiant, (T.) soit en chantant, de donner à chaque note sa valeur, à faire égales les notes qui sont égales, longues celles-là seulement qui sont longues, et brèves celles qui sont brèves (*). Mais n'anticipons

---

(*) Je signale ce défaut capital comme trop commun et presque général parmi les chantres des campagnes. Les chantres même des villes n'en sont pas toujours exempts : On ne saurait d'ailleurs prendre trop de précautions pour l'éviter. Car on ne peut douter que toute la beauté du chant ne dépende de la régularité avec laquelle il est exécuté. Ne pas donner à chaque note la durée qui lui est propre, courir, s'arrêter, prolonger certaines notes à volonté et outre mesure, c'est ôter au chant sa marche réglée, c'est le frustrer de ce qui le rend intéressant et beau ; c'est lui ravir ce qui l'anime, ce qui plaît en lui, ce qui excite l'ardeur et la piété des fidèles; c'est en détruire tous les charmes, c'est anéantir tout l'effet qu'on en doit attendre ; c'est y introduire le désordre et la confusion. On payerait volontiers de tels chantres pour ne pas chanter! Pour en juger, il faudrait avoir été le témoin de quelques-unes de ces scènes dégoûtantes et malheureusement trop communes, quoiqu'il y ait du plus ou du moins.

Vous entrez dans une église de campagne ; on commence l'*Office divin* (du moins c'est ainsi qu'on l'appelle) ; et au lieu d'être frappé de cette gravité, de cet ordre, de cette majesté qui distinguent si éminemment le chant de l'Eglise et inspire le respect et la religion, qu'entendez-vous ? Non pas des chants, mais des cris aigres, discordants et confus ; l'un court, l'autre s'arrête, l'un est en avance d'une syllabe, l'autre est en retard de deux ou de trois, quelquefois même, surtout dans la psalmodie, l'un est encore au commencement d'un verset que l'autre est déjà arrivé à la fin. D'où vient ce désordre scandaleux ? De ce que les chantres eux-mêmes ne suivent pas de règles et par conséquent ne savent pas chanter. Combien de chantres qui se piquent de savoir

point, je vous ai montré tout ce qu'il faut savoir rigoureusement pour chanter : il nous reste maintenant à étudier ce qu'il faut savoir pour bien chanter : c'est l'objet du chapitre suivant.

CHAPITRE II.

Que faut-il faire pour bien chanter ? Je réduis cette science à 4 points.

1° Suivre la mesure ; 2° Bien prononcer les mots ; 3° Connaître les propriétés des différents

---

le chant et qui en ignorent les premiers éléments ; la valeur relative de deux notes carrées, d'une carrée relativement à une brève, etc., ce qui est comme l'alphabet du chant.

Quel moyen de mettre fin à ces scandales ? Il est tout simple. Apprendre bien le chant qu'on ignore ; en suivre les principes et s'y attacher fortement ; imposer silence à ceux qui les violeraient une première fois ; comme vous suivez une règle, bientôt les autres la saisiront eux-mêmes ; ils vous suivront exactement, et au désordre honteux dont nous venons de parler, vous verrez avec satisfaction succéder l'harmonie la plus parfaite et l'ordre le plus admirable : vous verrez tous ceux qui vous accompagnent s'écouter mutuellement en chantant, craindre de troubler l'ordre, suivre les règles, commencer ensemble les mots, les finir de même ; frapper ensemble les notes et y joindre ainsi en chantant les syllabes de ces mêmes mots ; en un mot, vous entendrez chanter avec une telle union de voix, qu'elles sembleront n'en faire qu'une seule ; et de là résultera cette beauté, cette harmonie qui charment les esprits et touchent les cœurs même les plus insensibles, et commandent à tous le recueillement, le respect, la religion et la piété.

modes ou tons ; 4° Et les règles de la psalmodie. De là quatre articles.

ARTICLE Ier.

De la Mesure ou du Plain-Chant mesuré, figuré ou musical.

34. Jusqu'au douzième siècle, le Plain-Chant régnait en souverain ; mais à cette époque, par le moyen de la nouvelle méthode de Gui, il donna naissance à la musique. Celle-ci, abandonnant l'Eglise où elle était née, s'élança dans le monde, et se prostitua au service des passions ; elle ne s'occupa que de menuets, de rondeaux, de gavottes, de musettes, de branles, de passe-pieds, de valses, de galops, de rondes, de chansons, d'ariettes, de romances et autres productions profanes et plus ou moins licencieuses.

Plus tard, vers le quinzième siècle, parut la Musique sacrée qui, sans s'écarter du but du Plain-Chant, rivalisa avec la musique profane. Cette musique étant la plus ancienne de l'art et la plus noble par sa destination élevée, doit occuper le premier rang dans la hiérarchie musicale. Son exécution demande plus de pureté que d'expression de la part du chanteur, et il doit s'interdire sévèrement tout accent théâtral, lorsqu'il l'exécute. En effet, la prière adressée au Créateur étant l'élan d'un cœur contrit ou reconnaissant, le chanteur ne doit pas chercher à faire briller ses moyens comme au théâtre lorsqu'il chante à l'église.

35. Du Plain-Chant au Plain-Chant mesuré, il n'y a qu'un pas : ajoutez seulement au Plain-Chant un peu de légèreté dans les modulations, la mesure à deux à trois et à quatre temps, et ce que nous appelons *les Silences*, vous aurez du Plain-Chant musical, c'est-à-dire du Plain-Chant qui approche beaucoup de la musique et pourrait presque la remplacer.

Notre pièce favorite (4) n'est autre chose qu'une pièce de musique empruntée à M. Wilhem et écrite en caractères de Plain-Chant musical.

§. I. *De la Mesure dans le Plain-Chant.*

36. Ayez soin, Messieurs, de vous acoutumer de bonne heure et même en solfiant (T.) à donner à chaque note sa valeur relative (33). En un mot de chanter en mesure.

37. La mesure dont il s'agit est la mesure à deux temps. Les notes ordinaires sont les carrées dont chacune vaut un temps. Si l'on rencontre une carrée à queue, on reste sur cette note deux temps, à moins qu'elle ne soit suivie d'une brève, auquel cas on reste sur la première un temps et demi, et pendant l'autre demi-temps on passe la brève, et on recommence de nouveau jusqu'à la fin de la pièce qui est ordinairement terminée par deux longues, et qui doivent retenir chacune pendant deux temps, laissant expirer la voix à la dernière, et finissant, comme disent les Italiens, *minuendo*, de sorte que le chant doit imiter le balancier d'une pendule, dont rien ne saurait déranger les mouvements (*).

(*) Dans quelques diocèses on avait pour usage de faire des pauses aux virgules et aux points, ou, ce qui est la même chose, aux barres. Mais dans ces diocèses même, notamment à Paris, l'usage a prévalu de ne pas observer ces pauses quand on chante en chœur, surtout quand il y a un serpent. Et ainsi les repos ou poses indiqués par la barre ne s'observent plus que quand un ou deux choristes chantent seuls un verset; alors seulement ils doivent faire une pause à la barre simple et laisser mourir la voix *minuendo*. Ils peuvent alors, surtout s'ils chantent seuls, donner à la voix et au chant tous les agréments qu'ils jugent convenables, en évitant cependant l'affectation: mais dans aucun cas le repos ne doit surpasser la valeur d'une carrée. 1° Lorsqu'on reprend son haleine, la mesure n'en doit pas souffrir, ni les coups du balancier être dérangés. Mais cela doit se faire toujours aux dépens de la note par laquelle on finit; et jamais au détriment de celle par laquelle on reprend le chant. 2° Pour reprendre son haleine, on ne doit pas couper les phrases si elles sont courtes, mais attendre à la fin; lorsquelles sont longues, on ne doit jamais couper un mot en deux. Il faut prendre garde surtout de conserver toujours le même mouvement grave ou léger qu'on a cru devoir adopter en commençant: le mouvement une fois pris doit être conservé jusqu'à la fin de la pièce. 3° Dans les cathédrales et les églises où il y a musique, on appuie également sur les notes brèves, c'est-à-dire que toutes les notes sont égales. C'est à tort qu'on ferait la même chose dans toutes les autres églises, où il ne se trouve qu'un serpent, car si celui-ci est gêné pour faire les brèves, il peut les passer. Quelques-uns sont d'un avis contraire.

Dans plusieurs diocèses le repos est marqué par un point ♦ après la dernière note et avant la barre, mais l'effet en est le même.

§ II. *De la Mesure dans le Plain-Chant musical.*

38. Cette mesure est une modulation quelconque renfermée entre deux barres.

Il y en a de trois sortes, la mesure à deux temps, à trois et à quatre temps. Chacune de ces mesures est indiquée par un chiffre placé en tête de la pièce, comme vous allez le voir, et se marque par des mouvements égaux de la main.

Dans une mesure, les notes peuvent être plus ou moins nombreuses, selon que la mesure est plus ou moins forte, ou que les notes qui la composent ont plus ou moins de valeur.

39. Mesure à deux temps.

Cette mesure à deux temps se compose ordinairement d'une double, et chaque temps d'une carrée, ou deux brèves. Mais dans l'hymnaire de Beauvais et celui de Noyon, elle se compose d'une note à queue et deux rhomboïdes, ou de deux notes à queues, ou d'une note à queue avec une carrée et une losange.

40. Mesure à 3 temps.

Dans cette dernière mesure deux carrées liées ensemble deviennent toutes deux brèves : cette mesure est composée ordinairement d'une double pointée, ou de trois carrées, et chaque temps d'une carrée; ou bien d'une carrée et une losange, une losange chaque temps, ou d'une rhomboïde avec une carrée à queue.

41. Mesure à 4 temps.

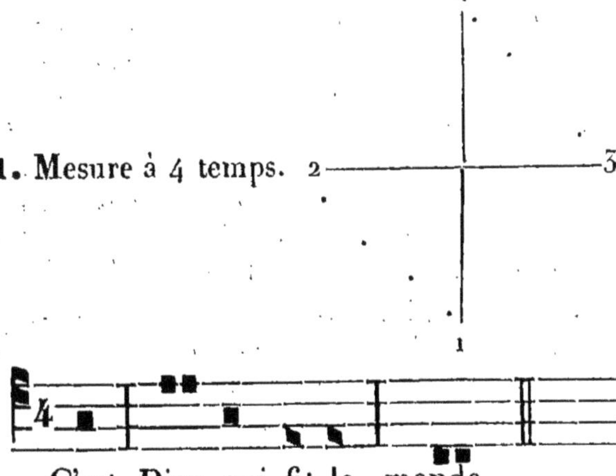

Cette mesure qui ne se rencontre jamais dans les hymnes attendu qu'elle rentre dans la mesure à deux temps, se compose de deux notes à queue ou de 4 carrées, ou de l'équivalent une carrée chaque temps : elle ne diffère de la mesure à deux temps que parce que le mouvement en est plus lent.

§ III. *Des caractères du Plain-Chant musical.*

42. Le Plain-Chant musical se compose de différentes manières; dans quelques diocèses les notes sont les mêmes que dans le chant simple, et elles ont une valeur différente, selon les différentes pièces; mais ordinairement on y fait entrer cinq espèces de notes.

1° La quadruple ■■■■ qui vaut deux doubles ■■.

2° La double ■■, qui vaut deux carrées ■.

3° La carrée ■, qui vaut deux brèves ◆.

4° La brève ◆, qui vaut deux demi-brèves ◆.

5° La demi-brève ◆.

La différence qu'il y a entre le Plain-Chant ordinaire et le Plain-Chant figuré, c'est que dans celui-ci on se sert de différents signes qui ne sont point dans l'autre, et qui le rapprochent de la musique et lui en donnent les agréments.

43. On emploie aussi quelquefois dans le Plain-Chant musical, la cadence ou tremblement + (30, 39 et 40), et la demi-cadence ∿∿ et le point après une note pour en augmenter la valeur de moitié : ainsi une double pointée ■■◆ vaut trois carrées, une carrée pointée trois brèves, etc.

44. Dans le chant des hymnes vous aurez soin d'observer ce que les Latinistes appellent une *Elision;* c'est-à-dire que quand de deux mots voisins le premier finit par une voyelle seule ou avec *m* et que le second mot commence par une voyelle ou une *h* il faut en chantant supprimer la dernière syllabe du premier mot.

Exemple :

Infunde amorem, dites : *infund' amorem ;*

Ipso in fonte videbimus, *Ips' in fonte. Cœli lucem habitabimus; cœli luç' habitabimus. Pulsa aditis; Puls' aditis: Et te utriusque Spiritum: et t'utriusque*. Mais dans *Monstra te esse matrem*; je serais d'avis qu'on ne doit pas le faire, attendu que selon moi l'*Ave Maris stella*, à qui l'on donne partout le nom d'hymne n'est qu'une prose, tandis que l'*Ant. Alma* est une hymne.

ARTICLE II.

De la Prononciation des mots.

45. Il est bien important, Messieurs, de prononcer correctement tous les mots: *e* suivi d'une consonne dans la même syllabe doit avoir le son d'un é ouvert. *Patèr, pèctora, dèxtra, scabèllum: Melchisedèch; exaltabit, règnum, ècce, Amèn*: mais partout ailleurs il faut bien se garder de faire un è ouvert: c'est toujours un é fermé. *Domine, Kyrie, éléyson, Miséréré, parcé, etc.*, et non pas comme on entend souvent dans les campagnes *Domina, Kyria, Miserera, parcea, etc.*

46. Quand les notes se touchent et qu'il n'y a point de séparation, c'est une marque qu'elles appartiennent à la même syllabe dont on doit prolonger le son sur toutes les notes qui en dépendent, sans articuler ni aspirer, comme sans secousse, unissant les notes ensemble sans s'arrêter à chacune, mais passant d'une note à l'autre par une émission de voix qui les lie ensemble, de manière cependant que les notes soient détachées suffisamment les unes des autres par la variété du son, sans y mettre d'affectation.

Exemple :

Ky- i i i- ri- é é é é, et non pas comme on entend quelquefois *Ky*, *hi*, *hi*, *hi*, *rie*, *hé*, *hé*, etc.; ou *Kyrioe*, *oué*, *oué*, *oué*, ou bien encore *Ky*, *ria*, *oua*, *oua*, *oua*.

47. Lorsque la syllabe chargée de plusieurs notes finit par une consonne, on ne fait sonner la consonne qu'à la dernière note : ainsi on dira dans le Sanctus.... *Sa*, *a*, *a*, *a*, *a*, *anctus*, et non pas *San*, *an*, *an*, *an*, *an*, *anctus*. *A*, *a*, *a*, *a*, *a*, *a*, *a*, *a*, *a*, *a*, *a*, *a*, *a*, *alma*, *etc*.

48. Il est beaucoup de mots pour la prononciation desquels il faut consulter l'usage; par exemple, on ne dit pas : *pro defeunctis*, mais *defonctis*, et cependant on prononce *cueunctis*, et non pas *conctis* : on dit *ucsor tua*, et non *uczor*, et cependant on dit *exaltavi*, et non pas *exsaltavi*, *in exitu*, *terris exoriens*, *exaudi*.

49. *S*, à la fin des mots, suivie d'un autre mot qui commence par une voyelle ne prend pas le son du z. On ne dit pas : *qui ez in cœlis*, *diez iræ*, *diez illa*, mais bien : *qui es in cœlis*, *dies iræ*, *dies illa*. Mais au milieu d'un mot, c'est le contraire et l'on dit : *puzillus grex*, *mizit*, etc.

50. Les pronoms *hic*, *hæc*, *hoc*, ont l'h aspirée, ce qui n'existe pas dans *homo*, que l'on prononce *omo*. Pour tout ceci, il faut consulter l'usage.

51. Ne contrefaites jamais votre voix : le ton

de la voix en chantant doit être le plus possible semblable à celui que l'on a en parlant ou en lisant; et l'on doit éviter de faire dominer dans son chant les *e* ou les *a*; il n'est pas rare d'entendre chanter, *Dameneus vabescum*, *et cam speretev teua. Dexet Dameneus Damena mea*; la plus légère attention doit faire apercevoir combien cette prononciation est vicieuse et ridicule : mais pour le ton de la voix, il est essentiel de ne point chanter d'une voix criarde et forcée en voulant prendre l'octave aigue (ceci est d'un très-mauvais goût et peut même incommoder beaucoup de personnes), on doit exclure également les voix molles et paresseuses, qui feraient baisser le ton du chœur comme la criarde le ferait monter. Il faut chanter d'une manière aisée et uniforme, sans efforts et sans faire éclater la voix plus dans un endroit que dans un autre (*). Mais surtout éviter les contorsions, les grimaces, les mouvements ridicules de la tête ou du corps, et les efforts trop violents de la poitrine et du gosier : Je crois inutile d'avertir qu'on ne doit pas non plus chanter du nez. Prononcez distinctement tous les mots et toutes les syllabes, afin que ceux qui vous entendent puissent comprendre ce que vous chantez.

(*) On comprendra que je suis éloigné d'exclure ici, ce qui fait la beauté et le charme du chant surtout dans le *solo*, de s'écouter chanter : de modérer et adoucir sa voix dans certains passages, et de la laisser se développer dans d'autres, mais sans efforts, et en général de commencer chaque note doucement et d'appuyer en augmentant doucement pour la finir de manière que chaque note va comme disent les musiciens *crescendo* : loin de le blâmer, j'appelle ceci chanter avec goût.

ARTICLE III.

Des Modes vulgairement mais improprement appelés Tons du Plain-Chant.

52. Les modes sont, comme l'indique le mot, différentes manières de moduler ou des formules de chant basées sur différentes gammes qui leur donnent chacune un caractère particulier appelé *Tonalité* (*).

(*) 1° Il suit de là que la question des modes est essentiellement liée à celle des gammes (12, note). Mais il ne faut pas confondre les gammes du Plain-Chant avec celles de la Musique, car celle-ci se sépare ici du Plain-Chant: le point de contact et de séparation est la gamme naturelle d'*ut* (5).

La Musique en tire, en en défigurant un peu la tonalité, une seconde gamme de *re* ou de *la*, qu'elle appelle *gamme mineure*, parce que la tierce ascendante en partant de la finale est *mineure*, donnant à l'autre le nom de *gamme majeure*, pour la raison contraire : elle ne reconnaît que ces deux gammes. Il est vrai que par la transposition elle en fait, par le moyen du ✳ et du ♭ des gammes d'*ut majeur*, d'*ut mineur*, de *re majeur*, de *re mineur*, de *mi majeur*, etc., mais ce ne sont que deux gammes écrites d'une manière différente, de là, seulement deux modes dans la Musique, (j'ai dit : *en en défigurant la tonalité*, car la gamme mineure est irrégulière dans sa composition : dans la gamme de *la*, le *fa* et le *sol* sont diésés en montant et naturels en descendant. Dans la gamme de *re*, l'*ut* est diésé en montant, et en descendant il est naturel, et le *si* est bémolisé.)

2° Le Plain-Chant, partant de cette même gamme d'*ut*, en forme sans en défigurer la tonalité, c'est-à-dire, sans employer ni ✳ ni ♭, sept gammes qui ne diffèrent entre

La tonalité d'un mode résulte : 1° des limites de sa gamme ou de son octave ; 2° de sa finale ou

---

elles que par la position des deux demi-tons relativement à la base de chaque gamme, ce sont les gammes de *re* jusqu'au *re*, et de *la* au *la* ; de *mi* au *mi*, et de *si* au *si* ; de *fa* au *fa*, et de l'*ut* à l'*ut* ; et de *sol* au *sol*. En résumé, gamme de *re*, de *mi*, de *fa*, de *sol*, de *la*, de *si*, et d'*ut*, car j'aurais pu suivre cet ordre et ne l'ai interverti qu'à dessein, et afin de rapprocher sous vos yeux deux gammes qui ne diffèrent qu'en un seul point, la sixte ; et dont la ressemblance joue un certain rôle dans le Plain-Chant ; ressemblance qui au reste, vient de ce que la gamme d'*ut* se compose de deux tétracordes parfaitement semblables quant aux sons ; ce sont *ut*, *re*, *mi*, *fa* : et *sol*, *la*, *si*, *ut*. C'est sans doute pour cette raison, que les Grecs, et après eux, les réformateurs du chant, ont donné aux modes pairs (53) dont les gammes ont pour extrémité grave les notes du second tétracorde, *sol*, *la*, *si*, *ut* ; la même finale que leurs compairs, car sans cela, il n'y aurait entre les modes que nous appelons compairs, qu'une différence presque imperceptible, que nous préférons aujourd'hui appeler une irrégularité dans le même mode. (voir modes irréguliers, 53. *note*).

3° C'est cette ressemblance qui a engagé les Grecs, et après eux les Réformateurs du chant, à former de leur rapprochement ou fusion, sept autres gammes que l'on peut considérer comme formées moitié d'une gamme et moitié de la gamme ressemblante, en conservant la tonique de la première. Par exemple, premier mode, gamme de *re*, tonique, *re* ; deuxième mode, gamme de *la*, tonique *re*, troisième mode, gamme de *mi*, tonique *mi* ; quatrième mode, gamme de *si*, tonique *mi* ; cinquième mode, gamme de *fa*, tonique *fa* ; sixième mode, gamme d'*ut*, tonique *fa* ; et enfin septième mode, gamme de *sol*, tonique *sol* ; huitième gamme de *re*, tonique *sol*. De là, quatorze gammes ou modes, n'ayant que 7 toniques ou finales, lesquels modes dans la suite ont été réduits à 12 par la suppression de la gamme de *si*, à cause du triton *fa*, *sol*, *la*, *si*, qui la termine dans le haut, pour la gamme supérieure,

tonique, ou note qui sert de repos et d'appui aux modulations; 3° de sa dominante ou note qui s'allie de la manière la plus naturelle et la plus

---

et qui la commence pour la gamme inférieure. Plusieurs églises ont conservé les 14 modes jusqu'au quinzième siècle.

Je vous ferai remarquer que dans cet alinéa, ce n'est pas un principe que je pose, et je ne fais qu'émettre une opinion personnelle; car comment les Grecs et les Réformateurs furent-ils amenés aux quatorze modes? Le champ est ouvert aux conjectures. Est-ce tout simplement en renversant les deux tétracordes, et prenant pour le premier, tantôt l'un, *re, mi, fa, sol*, et tantôt l'autre, *la, si, ut, re*? y ajoutant l'autre tétracorde pour second, et gardant la même tonique pour les deux gammes ou modes, et ainsi des autres modes? ou bien est-ce comme je l'avance ici, (ce qui revient au même), en voulant faire une fusion des deux gammes semblables, et conservant dans les deux la finale de la première? ou bien encore, est-ce comme le veut un de nos grands maîtres, en remarquant que les formes les plus fréquentes des mélodies sont renfermées ou dans l'espace d'une quinte ou dans celui d'une quarte, ils divisèrent chaque gamme (elle l'est naturellement en deux tétracordes qui forment une quarte et une quinte par leur union), en une quinte et une quarte, plaçant la quarte au-dessus ou au-dessous de la quinte, ils ont formé le premier mode de la quinte *re, mi, fa, sol, la*, et de la quarte *la, si, ut, re*; et le deuxième mode de la même quinte, *la, sol, fa, mi, re*; et de la quarte *re, ut, si, la*? et ainsi des autres. Peu importe.

Bornons-nous au fait de l'admission de 14 modes, réduits à 12, dont 6 ont leur tonique au milieu entre les deux tétracordes.

4° C'est cette même ressemblance qui a engagé St Grégoire (car les 8 modes étant en usage dès le 8e siècle, on est fondé à croire que ce fut ce saint pape), à réduire à huit les douze modes admis par ceux qui l'ont précédé. Il a jugé à propos de supprimer le neuvième et le dixième en *la*, comme trop semblables au premier et au deuxième en *re*, attendu qu'ils

fréquente à ces modulations : c'est là ce qui donne à un mode son caractère distinctif (*). Chaque mode a son étendue particulière (52, *note*), plusieurs ont la même dominante (54), mais ceux qui ont la même dominante n'ont jamais la même finale (54).

53. Il y a donc aujourd'hui dans le Plain-Chant buit modes réguliers (52, note 4°.) dont quatre ont pour gamme celles de *re*, de *mi*, de *fa* et de *sol;* et les quatre autres les gammes semblables de l'autre tétracorde *la*, *si*, *ut*, *re*, mais avec les mêmes toniques que leurs supérieurs ou impairs, et quatre modes irréguliers,

---

ne diffèrent que par la sixte; et le onzième et le douzième en *ut*, qui ne différaient du cinquième et sixième en *fa* que par la quarte, comme nous le verrons ci-après.

(*) La finale ou tonique est donc la note principale ou fondamentale du mode, et celle sur laquelle d'après le genre de modulation, l'oreille aime à se reposer, mais sur laquelle ne se terminent pas toutes les modulations, car alors il n'y aurait dans chaque mode que des repos parfaits comme à la fin de la pièce, ce qui serait monotone et ennuyeux, mais chaque mode a ses repos imparfaits. (58, note sur les 8 modes.)

La dominante est une note particulière à chacun des modes et sur laquelle le chant revient très-souvent, parce qu'elle est au centre de ses modulations. Dans les modes impairs, elle est à la quinte au-dessus de la finale, excepté lorsque comme dans le 3ᵉ mode, cette quinte tombe être un *si*, (corde variable, auquel cas elle est à la sixte ut) : dans les modes pairs, elle est à la tierce au-dessous de celle de leurs compairs, excepté encore lorsque cette tierce, comme dans le huitième mode, est un *si*, auquel cas pour la même raison, elle est à la seconde *ut*.

auxquels il faut en joindre un cinquième comme un fait abusif, il est vrai, mais respectable par son antiquité, puisqu'il existe dans le romain, et n'a été que copié par les compositeurs modernes (*).

(*) Je dis abusif, car il est en dehors de la tonalité du Plain-Chant, et fait exception, n'appartenant en totalité à aucune des sept gammes ni de leurs composées : il pourrait être considéré comme une transposition en *la*, avec un *si bémol* des gammes *mi* ou *si*, mais le *si bémol* n'existant qu'à la finale, pour ainsi dire, (*Vêpres de Noël*, *Rome*, *Paris*, *Amiens*, *Noyon*, etc. *Ant.* Apud Dominum.... c'est un septième mode bien caractérisé (gamme de *sol* transposée en *la*,) avec une toute petite queue de 4 notes du quatrième mode, amenée par le moyen d'un *si bémol* avant ces 4 notes ; ce qui est visiblement une bizarrerie. Je laisse à nos grands maîtres de l'époque le soin de stygmatiser les changements de tonalité, et par conséquent l'emploi du bémol et du bécarre. Quant à moi, je passerais volontiers ceux qui sont momentanés, surtout s'ils sont amenés par le besoin pour faire image et mieux peindre la pensée du texte : mais celle-ci me paraît trop bizarre. Cela dit, je me conformerai à l'usage et j'admettrai comme un fait le quatrième mode irrégulier en A.

Il y a dans différents diocèses beaucoup d'autres infractions semblables à la tonalité, mais moins respectables en ce qu'elles viennent du caprice ou de l'ignorance des compositeurs. Au Mans, à Nantes, à Clermont, à Poitiers, à Besançon, à Reims et à Metz, le chant ne supporte pas la critique. Même dans les diocèses où l'on suit la lithurgie romaine, comme Cambrai, Bordeaux, Avignon, Marseille, Aix, Montpellier, Angoulême et Langres, on a introduit des chants étrangers à la tonalité ancienne ; on peut citer les messes connues sous le nom de *Bordelaise*, *Trompette*, *Agenaise*, etc., qui sont d'un goût exécrable. Elles sont plus rares dans les rits de nos parages ; j'en citerai cependant un exemple. Voyez le répons bref de

Je veux dire le quatrième mode irrégulier en A.

Les modes se divisent : 1° En raison de leur numéro d'ordre et de leur élévation en modes

---

Beauvais, pour les fêtes annuelles et l'alleluia du graduel du quatrième Dimanche après l'Épiphanie dans le rit d'Amiens. Comparez ces deux pièces : elles devraient porter le même chiffre puisque la modulation finale est la même, et que c'est cette modulation qui décide du mode : cependant à Beauvais elle est désignée huitième mode, et à Amiens deuxième mode en G, ce qui prouve que lorsqu'on s'écarte des règles, on ne sait plus à quoi s'en tenir. Ce sont tout simplement deux huitièmes modes dans tout le cours des pièces, avec une toute petite queue de 4 notes du deuxième mode par le moyen d'un si bémol, introduit immédiatement avant ces quatre dernières notes, et qui fait terminer en mineur des pièces qui sont dans le mode majeur, en quoi les deux compositeurs ont tort. Mais celui d'Amiens du moins à raison de désigner sa pièce comme étant du deuxième mode qui règne réellement à la finale.

Quant à celui de Beauvais qui lui donne le titre de huitième mode, quoique la terminaison indique un mode mineur, il n'a son excuse que dans les exemples qu'on en trouve dans le rit romain, où l'on voit des huitièmes et même des septièmes modes qui sont d'après leur finale dans le mode mineur. Aussi M. Fétis propose-t-il une réforme, même du chant romain.

Et ici, à l'occasion des modes irréguliers, se présente une difficulté. Dois-je dire, comme M. Fétis, que « Les modes irréguliers ou imparfaits sont ceux qui n'atteignent pas l'étendue de leur gamme, et qu'ils ne sont qu'une transposition de leur régulier ? » Je ne le puis, et ce qui m'arrête, c'est que le premier et le deuxième irréguliers en A sont réellement dans la gamme de *la* et non dans la gamme de *re*, puisque pour les mettre en *re*, il leur faut un *si bémol*, marque certaine de transposition. (52, note 2 et 3.), et que d'un autre côté, il y a dans ces deux

impairs, appelés aussi supérieurs, authentiques et maîtres, et en modes pairs appelés aussi inférieurs, plagaux et disciples; les premiers, parce qu'ils montent une octave au-dessus de leur finale, et que leur dominante est plus élevée que celle de leurs compairs, quoique la finale soit la même; et les seconds parce qu'ils ne montent

---

gammes des compositions qui atteignent, et d'autres qui n'atteignent pas l'étendue de la gamme. Dirai-je avec d'autres, que les modes irréguliers sont des suites de modulations dans les gammes semblables à celle des réguliers, et supprimées par Saint Grégoire? Mais la presque totalité des morceaux du cinquième et sixième mode, appelés réguliers, sont visiblement dans la gamme d'*ut*, et non pas dans celle de de *fa*, ce qui m'est indiqué par l'apparition du *si* bémol à la clef, et que ce si bémol est commun aux pièces dites des cinquième et sixième réguliers et irréguliers. Je préfère cependant prendre le parti de ces derniers: 1° parce qu'il ne me paraît pas vrai que les premier et deuxième irréguliers en A ne soient que des transpositions; 2° parce qu'il ne me paraît pas convenable d'appeler irrégulier une simple transposition, et de mettre toute l'irrégularité dans la manière d'écrire ou de jouer une pièce; 3° parce qu'il y a réellement des pièces des cinquième et sixième modes, composées dans la gamme de *fa*, (elles sont très communes à Beauvais), et qu'outre qu'il n'y aurait pas de nom pour les désigner, il est plus convenable de donner le nom d'*irréguliers* aux modes qui sont dans les gammes semblables, qu'à une simple transposition. Je laisserai donc le titre de modes imparfaits et de parfaits aux pièces qui atteignent ou n'atteignent pas les bornes de leurs gammes, et je conserverai le titre d'irréguliers pour celles qui diffèrent de leurs modes réguliers par la sixte ou la quarte. Quant aux cinquième et sixième modes, on conçoit que les compositeurs aient presque toujours préféré le mode d'*ut* à celui de *fa*, qui est dur, à cause du triton

qu'à la quinte au-dessus de leur finale, et descendent à la quinte en dessous, selon la maxime,

Le ton pair veut descendre, et l'impair veut monter.
Vult ascendere par, descendere vult tonus impar.

ou

Impar stat suprà, sed par depressus habetur.

2° En raison de leur ressemblance, en réguliers lorsque n'ayant aucun signe à la clef, ou ce qui est la même chose n'étant pas transposés, ils ont pour finale une des quatre notes *re*, *mi*, *fa*, *sol*; et en irréguliers, lorsque sans aucun signe à la clef, ils ont une autre finale à la quarte au-dessous de celles-là, c'est-à-dire *la*, *ut*.

3° En raison de leurs Toniques, en compairs, lorsqu'ils ont la même tonique.

4° En raison de leur exactitude à remplir ou non l'étendue de leur gamme en *parfaits* et *imparfaits*.

5° En raison de leur trop grande étendue, en *surabondants*, lorsqu'ils dépassent l'étendue de leur gamme de plus d'une note à l'opposé de

---

fa, *sol*, *la*, *si*; et que celui là est beaucoup plus beau et plus naturel, c'est probablement ce qui les a entraînés à le regarder en quelque sorte comme le régulier. Mais rien n'empêche pour mettre de l'ordre dans la science, d'appeler irréguliers tous les cinq et sixième, qui portent un *si bémol* à la clef, puisqu'ils sont dans la gamme d'*ut*, et réguliers ceux seulement qui n'ont pas de *si bémol* à la clef, et qui par conséquent sont dans la gamme de *fa*.

Je dirai donc que les quatre modes supprimés par Saint

leurs compairs, et en *mixtes*, lorsqu'ils emprun-tent des modulations particulières à leurs compairs, auquel cas, ils prennent le nom du mode qui règne vers la finale, avec le titre de *mixte*. (*)

54. Il n'y a que quatre finales pour les huit modes réguliers, ce sont *re*, *mi*, *fa*, *sol* (**). *Re*, est celle du 1er et du 2me, *mi* celle du 3me et 4me, *fa* celle du 5me et 6me, et *sol* celle du 7me et du 8me; et deux pour les modes, irréguliers, ce sont:

Grégoire, sont de fait admis aujourd'hui sous un autre nom. Le neuvième, gamme de *la*, sous le nom de premier mode irrégulier; le dixième, gamme de *mi*, tonique *la*, sous celui de deuxième mode irrégulier; le onzième, gamme d'*ut* sous celui de cinquième irrégulier, quoique le plus ordinaire: et le douzième, gamme de *sol*, tonique *ut*, sous celui de sixième mode irrégulier, quoique beaucoup plus usité que le régulier véritable.

(*) Les Anciens faisaient encore une autre distinction des modes: ils appelaient 1° le mode majeur (5, 6, 7 et 8es modes,) *Oxypycnus*, c'est-à-dire mode dont les sons aigus sont rapprochés ou serrés; *Densus in alto*, parce que les deux demi-tons naturels de la gamme se trouvent à l'extrêmité supérieure de chacun des tétracordes *fa sol la - si bémol*: *sol la si - ut*. 2° Le mode mineur direct (1er et 2e modes,) *Mésopycnus*, c'est-à-dire mode dans lequel les sons se trouvent rapprochés ou serrés dans le milieu de chacun des tétracordes, *densus in medio*, pour une raison analogue: *re mi-fa sol*; *la si-ut re*. 3° Le mode mineur inverse [3e et 4e mode] *Barypycnus*, c'est-à-dire mode dont les sons se trouvent rapprochés ou serrés au grave, *densus in gravi*: pour la raison semblable, (*mi-fa sol la*: *si-ut re mi*.

(**) Les finales et les dominantes (52, dernier alinéa,) de chaque mode sont exprimés dans ces vers, imaginés pour

la, *ut* (*). *La*, est la finale du 1er, 2me et 4me; *ut*, celle du 5me et du 6me modes irréguliers.

Il n'y a non plus que quatre dominantes pour les huit modes réguliers, *fa*, *la ut*, *re*. *La* est la dominante du 1er, du 4me et du 6me; *fa*, celle du 2me; *ut*, celle du 3me, du 5me et du 8me; et *re*, celle du 7me; et quatre pour les 5 modes irréguliers, *ut*, *re*, *mi*, *sol*; *ut* du 2me, *re* du 4me, *mi* du 1er et du 6me, et sol du 5me, modes irréguliers (**).

55. *Tableau des Modes, leur étendue* (1), *leur tonique* ▪, *leur dominante* ▪▪, *leurs notes principales ou repos imparfaits* (2), *et leurs accords parfaits.* (***)

---

favoriser la mémoire : *pri*, c'est-à-dire premier; *sec*, second; *ter*, troisième; *quart*, quatrième, etc.

Modes réguliers :

Pri. re, la: *sec.* re, fa: *ter.* mi, ut: *quart. quoque* mi, la:

Quint. fa, ut: *sext.* fa, la: *sept.* sol, re: *octaque*, sol, ut.

Modes irréguliers:

Pri. la, mi: *sec.* la, ut : *quart.* ut, re: *quint.* ut, sol, *sext. habet.* ut, mi.

(*) Voyez la note précédente.

(**) Même note que ci-dessus.

(***) Lorsque plusieurs voix ou plusieurs instruments font entendre le même son, on dit qu'il y a unisson, quand les sons diffèrent, il peut y avoir un *accord*.

1° On entend par *accord* ou *accord harmonique* ou

Ces derniers étant les mêmes pour les modes

consonnance, l'harmonie que produisent plusieurs notes différentes chantées ensemble, ou simultanément.

On en distingue deux principaux, l'*accord parfait* et l'*accord imparfait*.

L'*accord parfait* ou *consonnant* est la réunion de la tonique de la tierce, de la quinte et de l'octave; comme dans les modes majeurs, *fa, la, ut fa; ut mi, sol ut; sol, si, re, sol*; et dans les modes mineurs, *re, fa, la, re; la, ut mi, la : mi, sol si, mi.*

Tous les autres accords prennent le nom d'*accords imparfaits* ou *dissonnants.*

Vous remarquerez que je fais ici la distinction des modes majeurs et des modes mineurs, quoiqu'il n'en soit pas question dans le Plain-Chant, parce qu'en parlant des accords nous nous rapprochons de la musique, et que d'ailleurs un mode quelconque est nécessairement majeur ou mineur, puisque la tierce ascendante en partant de la finale est majeure ou mineure.

Les premiers accords datent du huitième ou neuvième siècle. Ils furent d'abord appelés *organum, chant organisé* ou *organisation du chant.* M. Fétis conclut de ce mot *organum* que les accords ont pris naissance sur le clavier de l'orgue. L'organum était très-simple et se bornait à faire un accord de tierce seulement à certains passages, comme au crochet des intonations, pendant que les chantres faisaient le crochet, par exemple *si ℞ sol, sol la,* deux, trois ou quatre autres chantres chantaient *si, si si ℞ la,* et alors selon le nombre des chantres, il prenait le nom d'*organum duplum, triplum* ou *quadruplum.* C'est là ce que l'on appella aussi *Machicotage*, et les chantres qui les exécutaient s'appelaient *Machicots.*

Les périélèzes ou crochets qui se trouvent à la fin de nos intonations ou à la fin de la partie d'un chœur, pour indiquer à l'autre que c'est à lui de reprendre, et dont certains diocèses comme Paris et Amiens ont abusé, n'ont d'autre origine que l'*organum,* car ces crochets n'existaient que

compairs, je les mettrai seulement aux modes impairs ou supérieurs.

---

pour y pratiquer ces accords. Aujourd'hui ils sont assez ridicules, surtout lorsqu'ils reviennent fréquemment. Peu à peu les accords se multiplièrent et l'on joignit à la tierce la quinte et l'octave, et on les fit dans tout le cours du morceau; il prirent alors le nom de *déchant*, *discantus* : c'est à peu près ce que nous appelons aujourd'hui le *contrepoint*. On en abusa au point que le pape Jean XXII publia une bulle pour le restreindre dans de justes bornes.

Aujourd'hui les accords en Plain-Chant ne sont connus que sous le nom de *Faux-bourdons* et de *Contrepoint*.

Jusqu'au seizième siècle, les faux-bourdons en usage ne s'écartaient point de l'antique *tonalité* du chant, c'est-à-dire qu'ils se bornaient aux *accords parfaits*. Mais à dater de cette époque, ils renferment des marches d'accord empruntées à la tonalité moderne, et contre lesquelles s'élèvent fortement nos grands maîtres actuels (MM. Danjou et Fétis).

Le faux-bourdon est une psalmodie harmonieuse composée de 4 parties, la *Basse*, la *Taille* (chant ordinaire), la *Haute-Contre* et le *Dessus*, qui est la partie la plus haute. Il produit un assez bon effet quand il est exécuté avec justesse, avec ensemble et par des voix nombreuses.

Le faux-bourdon n'admet pas l'intonation et l'on commence chaque verset *recto tono*. Il faut aussi mettre la dominante de chaque mode sur le *la*, afin que chaque partie puisse s'exécuter sans efforts, à moins que la nature des parties n'exige une dominante plus haute.

Le contrepoint est une composition à deux ou plusieurs parties différentes, adaptées à un sujet donné. Le sujet peut être à la taille ou à quelqu'autre partie supérieure, et l'on dit alors que le *contre-point* est sous le sujet : mais il est ordinairement à la basse, et alors le sujet est sous le *contrepoint*. Celui-ci prend le nom de simple ou de figuré, selon qu'il est syllabique, c'est-à-dire note sur note, ou qu'il contient différentes fugues ou valeurs de notes,

Premier mode en *re mineur*, appelé chez les Grecs *Dorien* et son irrégulier *Eolien* (*).

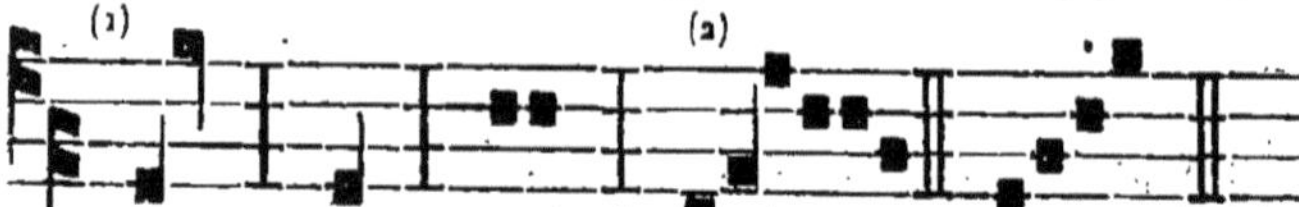

Deuxième mode, appelé chez les Grecs *Hypodorien* et son irrégulier *Hypoéolien*.

Troisième mode en *mi mineur*, appelé chez les Grecs *Phrygien*.

---

qu'on y fait des figures ou des imitations; mais alors le chant devient musical, attendu qu'il est nécessaire d'employer la mesure. Lorsque le contrepoint se fait au moment même, sans préparation, il s'appelle *chant sur le livre*. Le mot de contrepoint vient de ce qu'autrefois les notes étaient de simples points, et qu'en composant à plusieurs parties, on plaçait ces points l'un sur l'autre ou l'un contre l'autre.

(*) Dans ce tableau, je n'indique les modes irréguliers que par une seconde clef, ajoutée à celle de leurs réguliers, c'est afin que vous puissiez les comparer, et remarquer plus facilement leur ressemblance ainsi que leur différence, et par là vous convaincre que ce ne sont pas de pures transpositions, comme l'ont avancé des auteurs, très respectables d'ailleurs. On peut, il est vrai, le transposer en les écrivant au moyen d'un *si* ♭, mais il n'est pas moins vrai qu'en face de cette seconde clef ils sont dans leur gamme naturelle, qui n'est certainement pas la même que celle de leurs réguliers (52 note 2°).

Quatrième mode appelé chez les Grecs *Hypophrygien.*

Cinquième mode en *fa majeur*, appelé chez les Grecs *Lydien* et son irrégulier *Ionien.*

Sixième mode appelé chez les Grecs *Hypolydien* et son irrégulier *Hypoionien.*

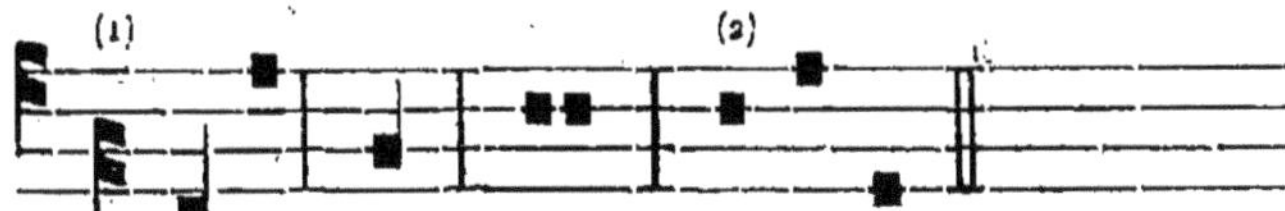

Septième mode en *sol majeur*, appelé chez les Grecs *Mixolydien.*

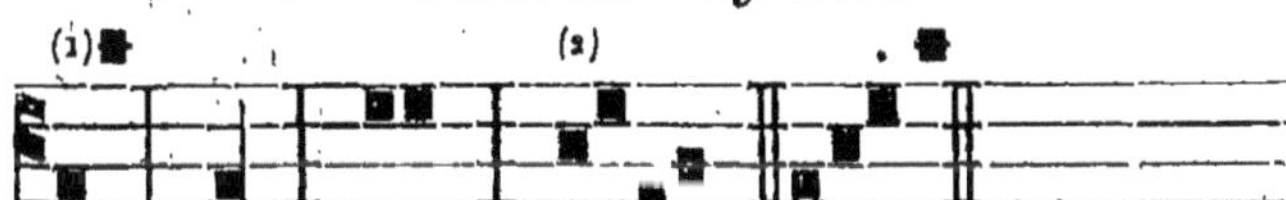

Huitième mode appelé chez les Grecs *Hypomixolydien.*

Quant à l'étendue qui distingue particulièrement chacun des modes, on peut voir dans ce tableau que celle du 1er est du *re* au *re*, celle du 2me du *la* au *la*, celle du 3me du *mi* au *mi*, celle du quatrième du *si* au *si*, mais on doit remarquer que celui-ci étant rarement parfait, (voir la note 4° à la page 60) au grave se rapproche du deuxième pour la gamme, celle du cinquième du *fa* au *fa*, celle du sixième de l'*ut* à l'*ut*, celle du septième du *sol* au *sol*, et celle du huitième du *re* au *re*. Mais on leur accorde communément quelque chose de plus (*).

(*) La règle est exprimée dans ces vers :

Tertius et primus cum quinto septimus, octo
Vocibus ascendunt sola et descendere possunt,
Sextus et octavus quartus pariterque secundus,
Vocibus ascendunt quinque et descendere possunt.

c'est-à-dire : les modes impairs montent de huit degrés au-dessus de leur finale, et ne descendent que d'un au-dessous.

Les modes pairs ne peuvent monter que de 5 degrés au-dessus de leur finale et descendent 5 degrés au-dessous.

Or, d'après ces principes, il sera facile de distinguer, sans le secours du chiffre officieux qui se trouve en tête des pièces, de quel mode est un morceau et même à quelle division il appartient.

La finale ne laisse de doute qu'entre deux modes, l'un pair et l'autre impair, et l'étendue de la pièce vient sur le champ le résoudre. Monte-t-elle de 8 degrés au-dessus de la finale, c'est l'impair; descend-t-elle 4 ou 5 degrés au-dessous, c'est le mode pair. Sa clef est-elle armée? Il y a transposition. Ne l'est-elle pas? le mode est au naturel; et alors la finale est-elle *re, mi, fa*, ou *sol*? C'est le mode régulier, sinon c'est le mode irrégulier. La pièce embrasse-t-elle toute l'étendue de la gamme? C'est un mode parfait (53, 4°); sinon le mode est imparfait. Dépasse-t-

56. Commencer ou entonner une pièce de chant d'un mode quelconque, n'est pas une chose indifférente ni facile : si vous la prenez trop haut ou trop bas, vous ne pourrez y atteindre et vous ferez rire à vos dépens. Que faire ? Le voici :

Avant de commencer une pièce de chant, il faut vous rappeler que la finale des tons impairs est à l'extrémité grave de l'étendue propre à chaque mode, (*octo vocibus ascendunt :* les modes impairs montent de 8 degrés.) Prenez donc la finale des modes impairs dans le bas de votre voix; de même vous rappelant que celle des modes pairs est vers le milieu de leur étendue, (55 note * *Vocibus ascendunt quinque et descendere possunt,*

---

elle les bornes de l'étendue ? alors c'est un mode mixte ou bien surabondant. 1° Surabondant, s'il s'agit d'un mode impair et qu'il la dépasse dans le haut; d'un mode pair et qu'il la dépasse dans le bas; 2° mixte dans les cas contraires, c'est-à-dire si un mode impair descend plus d'une note au-dessous de la finale, ou si un mode pair monte plus de cinq notes au-dessus de cette finale. Un mode mixte prend le nom du mode qui règne vers la finale.

La dominante, qu'il est souvent très-facile de distinguer, viendra confirmer le jugement porté ou le rectifier, s'il était faux : la clef elle-même met souvent sur les voies.

Une clef d'*ut* sur la 4e ligne indique un premier, un troisième, un quatrième, un sixième ou un huitième mode. Une clef de *fa*, presque toujours le deuxième, une clef d'*ut* sur la 3e indique un cinquième et un septième. Les autres marques viendront à l'appui. Les modulations seules font distinguer le mode aux personnes observatrices qui ont la pratique du chant, et j'en ai rencontré qui, sans bien connaître les principes, s'y trompaient rarement.

c'est-à-dire les modes pairs montent de 5 degrés au-dessus, et descendent de 5 degrés au-dessous), prenez donc la finale des tons pairs au medium de votre voix, de cette manière il est impossible que vous soyez pris au dépourvu.

Mais ce n'est pas tout, si vous voulez ne pas hésiter mais vous établir dans le mode d'une manière ferme, avant de commencer, modulez en vous même les accords du mode, en commençant par cette même finale (Voir le tableau 55).

57. Il est encore plus difficile de joindre ensemble deux pièces d'un mode différent, car pour le bien faire, il faut savoir ce que nous appelons mettre les modes à l'unisson, ce qui peut se faire de deux manières.

Première manière. Jeter un coup-d'œil rapide sur la pièce à chanter, remarquer la note la plus grave, et la prendre sur le même ton que la plus grave de la pièce précédente, puis arrivant à la finale, moduler les accords comme ci-devant.

Deuxième manière. Prenez le ton de la dominante de la pièce que vous venez de chanter, mettez sur le même ton la dominante de la pièce suivante, descendez ensuite à la finale, faites les modulations du mode comme il a été dit précédemment, et commencez ensuite. C'est cette seconde manière qui est la plus usitée.

Quant au ton de la dominante, il doit varier suivant le degré des fêtes et les usages des lieux; mais il doit rester le même depuis le commencement jusqu'à la fin de l'office. C'est à l'organiste d'y veiller, à son défaut c'est au serpentiste, et au défaut de celui-ci, à une voix bien réglée et sûre.

58. Un amateur doit savoir que nos ayeux prétendaient que chaque mode à une propriété particulière d'exprimer les divers mouvements, sentiments ou passions de l'âme, et qu'en conséquence il leur ont donné chacun une épithète particulière (*).

Ainsi ils ont qualifié le 1er mode de *grave*, ils croyaient qu'il convient aux grands sujets par sa gravité: 1re antienne des Vêpres du Saint-Sacrement, *Juravit.*, et de Noël *Tecum principium.* Ils pensaient que le 2me convenait aux mêmes sujets, mais quand ils ont une teinte triste et lugubre. *Tristisque secundus,* 8me ℟. des ténèbres du Vendredi Saint (Noyon) *Crucifixerunt.* Ils donnèrent au 3me le titre de mystique, pensant qu'il convenait aux affections vives, et exprimait l'impétuosité, les désirs ardents et les mouvements de colère, 9me ℟. de la Fête de la Dédicace, *Tu Domine* (Beauvais). Le 4me prit le titre d'harmonieux, comme convenant aux sentiments de timidité, d'humilité, de componction, de plaintes et aux gémissements de la prière, et s'élevant quelquefois jusqu'aux remontrances et à l'admiration. Le 5me fut appelé

(*) Elle est indiquée dans ces vers latins :

It graviter primus tristisque secundus habetur,
Mysticus esto sequens, Anagogicus est tibi quartus
Quintus erit lætus format devotio sextum.
Septimus angelicus perfectusque ultimus esto.

joyeux, parce qu'ils le croyaient propre aux sentiments de joie, de victoire et de triomphe, et quelquefois d'affection et de prière, ℟. *Ecce Draco*, Conception, 1res Vêpres (Beauvais). Le 6me fut gratifié du titre de dévot ; parce qu'on croyait qu'il convenait aux sentiments de dévotion, d'affection, de tendresse, de confiance, de grandeur et de modestie, de douceur, d'affabilité et de joie, Adoration de la Croix, *Ecce lignum*, (Beauvais) *Regina cœli*. Le 7me reçut le nom d'Angélique, comme convenant aux grands mouvements, aux exclamations vives, aux évènements surprenants et éclatants à l'enthousiasme. Ils le croyaient majestueux et impératif, et propre à exciter et à réveiller par ses progressions bondissantes. Le 8me mérita à leurs yeux le nom de parfait, comme convenant à tous les sentiments, principalement aux désirs de la félicité et de la gloire. Il est doux, harmonieux et pompeux, disaient-ils, *Tuam crucem* (Beauvais) (*).

(*) Je n'ai pas voulu, Messieurs, vous laisser ignorer ces particularités, mais je n'y attache pas une grande importance, car l'on pourrait dire comme Lisette dans le Mercure galant : *Il faut avoir bon nez pour deviner cela.*

Ne croyez pas cependant que je pense que le Plain-Chant n'est qu'une suite de notes rassemblées au hasard et sans règle, et n'exprimant rien, ce serait l'excès opposé. Un morceau bien fait doit porter le caractère qu'exige le contexte des paroles et leur sens particulier, les modulations ne doivent pas monter ou descendre à contre sens des paroles : elles doivent peindre les objets et imiter la déclamation, en évitant tout ce qu'il pourrait se glisser de dur et

ARTICLE IV.

De la Psalmodie ou Chant coulé.

59. Je réunis sous cette dénomination, le

---

de choquant dans les transitions : et il ne suffit pas de faire de l'harmonie en composant, mais il faut faire de l'harmonie convenable. Le chant de Noyon offre d'assez beaux modèles dans ce genre. Voir les lamentations, etc.

Mais pour dire un mot de chacun des modes en particulier, le premier est un mode mineur en *re*, relatif du cinquième majeur en *fa*, dominante *la*; ses chutes ou repos imparfaits sont *fa*, *la*, quelquefois *mi* et *ut* graves, et dans les cas extraordinaires *ut* à l'aigu ; son repos parfait, comme dans tous les autres modes est à la tonique *re*. (Ant. de Magnificat du 6e Dim. après l'Epiphanie).

Son irrégulier a pour finale *la*, dominante *mi* (54.) Il est plus onctueux que son régulier, quoique ne différant que par la sexte *mi-fa*, au lieu de *la-si*, d'où il est facile de conclure qu'on le transpose en *re* en mettant un *si bémol* à la clef. (Intonations, *In exitu...*)

La prose de Pâques, *Victimæ* est un 1er mode mixte. Le répons *ego sum* est un 1er surabondant. L'étendue du 1er mode est du *re* au *re*, (ou du *la* au *la*,) son accord parfait est : *re*, *fa*, *la*, *re*. Ces quatre notes sont comme la clef du mode ; c'est pour cela que nous avons conseillé (56) de les moduler avant d'entonner un morceau. Il est un des cinq modes qui admettent la liaison (71) dans l'intonation pour la psalmodie.

Si l'on suppose que la clef est une clef d'ut, c'est le premier mode régulier ; si on la suppose clef de sol, ou que l'on ajoute un *si* bémol à la clef, il est irrégulier en *la*, d'où l'on peut conclure que lorsqu'on rencontre dans ce mode un *si bémol*, on change momentanément de mode et l'on passe en *la*, et réciproquement dans l'irrégulier lorsqu'on rencontre un *fa* ♯ qui répond au *si* ♮ on repasse en *re*, et par conséquent dans le régulier.

2° Le deuxième est aussi un mode mineur en *re*, rechant de toutes les pièces où il se trouve plusieurs notes de suite sur la même corde, et une seule note par syllabe, comme *Evangile*, *Epître*, *Pré-*

---

latif du sixième majeur en *fa*, mais différent du premier en ce que, comme mode pair, il monte moins haut et descend plus bas; ce qui oblige à employer la clef de *fa* sur la troisième ligne, lorsqu'on ne le transpose pas. Sa finale est *re* et sa dominante *fa*, (sec. *re*, *fa*). Ses repos ou chutes ordinaires sont *fa*, moins souvent *mi*, et rarement *sol*. Il est un des trois modes qui n'admet pas la liaison ni l'irrégularité de la médiante dans la Psalmodie. (Voir les Ant. *O*, avant Noël.)

L'irrégulier est plus gai que le régulier. (*Hæc est dies* de Pâques.)

Son étendue est du *la* au *la*: (*mi* au *mi*,) son accord parfait est *re*, *fa*, *la*, *re*: *la*, *ut*, *mi*, *la*.

3° Le troisième est un mode mineur inverse en *mi* relatif du septième majeur en *sol*, étendue du *mi* au *mi*, finale *mi*, dominante *ut* à la sixte au lieu de la quinte, (corde variable) ses repos sont *sol*, *ut*, quelquefois *la* et *si*, quarte et quinte de la finale, rarement *re*, *fa*, (*Consepulti sumus*, Pâques), accord parfait *mi*, *sol*, *si*, *mi*. Intonation liée pour la psalmodie et médiante irrégulière, et variant pour les mots Hébreux, les monosyllabes. Clef d'*ut* sur la quatrième ligne.

4° Le quatrième est un mode mineure inverse en *mi*, relatif du huitième majeur en *sol*, finale *mi*, dominante *la*, ses repos sont *la*, quelquefois *re*, *ut*, et rarement *si* en bas, il n'y descend même presque jamais, de sorte que ce mode est presque toujours imparfait. Adoration de la croix *Crucem tuam adoramus*, à Noyon. Intonation liée, médiante invariable. Son irrégulier, (voir 52, note.)

5° Le cinquième est un mode majeur en *fa*. Son étendue est du *fa* au *fa*, sa finale est *fa* et sa dominante *ut*, (quint. *fa*, *ut*) ses repos imparfaits sont *ut*, *la*, rarement *sol* et *fa* octave. (Invitatoire et *Venite* de Pâques.)

Son irrégulier (anciennement le onzième mode) en *ut*,

face, *Capitule*, etc. Mais selon l'étymologie du mot, c'est principalement le chant des psaumes et des cantiques. Je ne parle pas de la psalmo-

---

paraît plus affectueux que lui. Pour la psalmodie il n'admet pas la liaison (71), mais la médiante varie aux mots hébreux et indéclinables, etc. (*Adoro te supplex.*)

Il y a relativement à ce mode ainsi qu'au sixième, une confusion dans nos lythurgies qu'il n'est pas facile d'éclaircir. Nous ne pouvons ici qu'exposer les principes; d'après ces principes tout cinquième et sixième mode qui porte un bémol à la clef, est transposé, il est dans la gamme d'*ut*, et par conséquent des 11 et 12 modes anciens (ou 5 et 6e irréguliers. Il n'y a de réguliers que ceux qui sont en *fa*, sans *si bémol*, et ils sont rares à Noyon et ailleurs, plus communs à Beauvais. Dans la psalmodie, on appelle 5 et 6e irréguliers, des modes qui sont dans la même gamme que ceux appelés réguliers; c'est une confusion et j'en suis fâché.

6° Le sixième est un mode majeur également en *fa*, mais son étendue est de l'*ut* à l'*ut*, sa finale est *fa*, et sa dominante *la*, (sext. *fa*, *la*,) ses repos imparfaits sont *la*, *ut*, (*mi*, *sol*,) rarement le *re*, (*la*) en bas. Intonation liée (71), mais médiante invariable.

Son irrégulier, anciennement le douzième, est le même à la sixte pres. (Ant. à *Magnif.* des premières Vêpres du St-Sacrement. *O quam suavis est.*) Voir l'observation sur le cinquième mode. Le répons *Tenebræ* de Beauvais, est du sixième mode irrégulier, puisqu'il est dans la gamme d'*ut*, et il est mixte, parce qu'il emprunte les modulations du cinquième.

7° Le septième est un mode majeur en *sol*, son étendue est du *sol* au *sol*, sa finale est *sol*, et sa dominante *re*, (sept. *sol*, *re*). Ses repos sont *si*, *re*, et quelquefois *fa*, *la* et *mi* à l'aigu. La clef qui lui est propre est la clef d'*ut* sur la troisième ligne. (Dernière Antienne des Vêpres du Jeudi Saint à Noyon, *Oblatus est*. Il est imparfait, mais

die *simple*, seule anciennement en usage, et qui n'est qu'une récitation à haute voix, et dans laquelle au reste les règles sont absolument les

---

il y en a peu qui ne le soient pas. Le *Lauda Sion* est du septième mode mixte.

8° Le huitième est aussi un mode majeur en *sol*, mais son étendue est du *re* au *re*; sa dominante est *ut*, et sa finale *sol* (octaque *sol*, *ut*). Ses repos ordinaires sont *ut*, quelquefois *fa*, *la*, *re*: on emploie pour ce mode la clef d'*ut* sur la quatrième corde. Il ressemble beaucoup au premier mode dont il peut être regardé comme le majeur, mais ses modulations sont moins grâcieuses et moins graves.

Pour la psalmodie, l'intonation n'admet pas la liaison (71, *Non ligat octavus*), mais la médiante varie aux mots hébreux, etc.

Le répons bref des annuels à Beauvais, nommé huitième mode, n'est qu'un sixième torturé en huitième. Il y a des amateurs qui le trouvent beau, mais ce qu'il y a de certain c'est qu'il s'écarte de la tonalité du Plain-Chant, ce qui, aux yeux des sommités actuelles de la science, est un abus intolérable. Corrigé à Soissons et à Noyon, IIe classe.

La plupart des auteurs parlent ici de ce que les uns appellent la *Transposition des modes du Plain-Chant*, et les autres *les Modes de transposition*. Je n'ai qu'un mot à dire à ce sujet, c'est qu'on ne s'est pas entendu très-bien jusqu'alors et que ce point a besoin d'être éclairci.

Je dis donc 1° que les modes de transposition sont des modes qui ne sont pas des modes, mais seulement des transpositions ou manière différente d'écrire ou de jouer un mode sur un instrument; 2° Quant à la transposition en elle-même, on a visiblement abusé de ce mot et changé sa signification en appelant simple transposition les modes irréguliers, ou pour mieux dire les pièces composées dans la gamme semblable (52 note 2°).

Il me semble que pour parler clairement et être conséquent dans les principes posés dans cet article (52 et

mêmes que celles de la psalmodie *composée*, quant à la quantité ou à la valeur des notes employées, et au repos ou médiante.

---

note), il faut dire qu'il y a transposition toutes les fois que la clef est armée de bémol, et qu'il n'y a transposition que dans ce cas, puisqu'alors seulement la gamme naturelle est altérée ou défigurée, quant à l'écriture.

Maintenant, qu'arrivera-t-il si un morceau composé sans *si* bémol a une autre finale que les quatre reçues aujourd'hui, *re, mi, fa* et *sol?* Je dis que ce morceau est composé dans une des gammes supprimées par Saint Grégoire, *la, si, ut*. Quel nom lui donner? Pour ne pas nous écarter de l'usage reçu aujourd'hui des huit modes, il me semble d'abord naturel de lui donner le nom du mode auquel il ressemble le plus, c'est-à-dire à la gamme de *la* celui des modes en *re*, 1er et 2e; et à la gamme d'*ut*, celui des modes en *fa*, 5. et 6.; et enfin à la gamme de *si*, (si toutefois elle se rencontrait) le nom de mode en *mi*, 3. et 4.; puis comme ils diffèrent de ces modes semblables par le placement d'un demi-ton, rien n'empêche de regarder ceci comme une irrégularité, et d'ajouter alors le mot *irrégulier*. C'est l'unique moyen ce me semble de les classer et d'éviter la confusion.

Mais ce n'est pas tout. Si l'on rencontre un mode qui ayant la finale des réguliers *re, mi, fa* ou *sol*, porte cependant un si bémol à la clef, ce qui arrive presque toujours dans les 5 et 6. modes? Je réponds dans ce cas, il faut dire sans balancer, pour être conséquent, qu'ils sont irréguliers, mais transposés de la gamme semblable. De sorte que la plupart des 5. et 6. modes sont dans la gamme d'*ut* transposée en *fa*, avec un *si bémol*, et par-conséquent irréguliers. J'ai déjà dit (52, note) qu'il est facile de concevoir comment les compositeurs ont préféré presque toujours la gamme d'*ut* à celle de *fa*. C'est que celle-là est bien plus naturelle et bien plus belle, n'ayant point ce malencontreux triton *fa, sol, la, si*. Mais *ut, re, mi, fa;* alors ils ont pris le parti de l'écrire en *fa*

§ I. *De l'imposition des Antiennes.*

60. Les psaumes sont toujours accompagnés d'une antienne, en latin *antiphona*, (de *anti*, et *phôné*, mots grecs qui signifient chant opposé, ou d'un autre côté du chœur) qui se chante en Plain-Chant ordinaire, avant et après, ou seulement après le psaume, selon l'usage des localités. L'imposition est le chant d'un ou plusieurs mots au commencement de l'antienne, elle se fait ordinairement par le célébrant ou un prêtre.

Lorsque l'antienne se chante avant le psaume ou cantique, l'imposition n'a rien de particulier, si ce n'est qu'elle se termine par un crochet (*) qui sert à indiquer au chœur que c'est à lui de continuer.

Lorsque l'antienne ne se chante pas avant le psaume ou le cantique, l'imposition a un but

---

pour ne pas s'écarter des règles établies pour les modes, et ils ont bémolisé le *si*. Le compositeur de Beauvais n'a pas toujours pris cette précaution, et les a écrit très-souvent en *ut*. Celui de Noyon les a toujours écrit en *fa*, mais très-souvent il avertit que quoiqu'écrit en *fa*, c'est réellement un cinquième ou sixième en C, c'est-à-dire en *ut*. (℞. *bref des Annuels*, *etc.*)

Je dis donc que les modes peuvent se transposer de toutes les manières, mais que le plus souvent on ne les transpose qu'à la quarte, c'est-à-dire *re* en *la*, et *fa* en *ut*.

(*) Le *Crochet*, autrement dit *Cadence*, est un petit neume qui a lieu avant la double-barre, qui se trouve ordinairement au commencement des antiennes et répons pour déterminer la longueur de l'intonation. Il se fait en chantant une note au-dessus et une au-dessous de celle qui termine l'intonation et par laquelle on doit finir.

particulier, c'est 1° de donner au choriste qui doit entonner le psaume, le temps de le prévoir ; 2° d'interrompre dans sa mémoire l'impression qui lui reste du mode que l'on vient de chanter, afin qu'il s'occupe plus facilement de celui qui doit suivre; 3° enfin et principalement pour le guider dans son intonation suivant le mode, et l'aider à prendre juste le ton de la dominante du chœur. Ce serait donc manquer ce triple but et même introduire mal à propos le désordre dans l'office que de produire, comme il arrive souvent, une modulation étrangère au mode et sur un ton quelconque (*). Mais ce résultat peut s'obtenir de plusieurs manières.

(*) Il vaudrait mieux alors se passer d'imposition, puisqu'elle devient nuisible. J'ai été souvent le témoin de ce désordre. Le choriste vient annoncer à un prêtre ou un chanoine l'imposition, mais celui-ci prenant les mots donnés, y adapte cette modulation bannale, et sur un ton particulier, plus ou moins élevé:

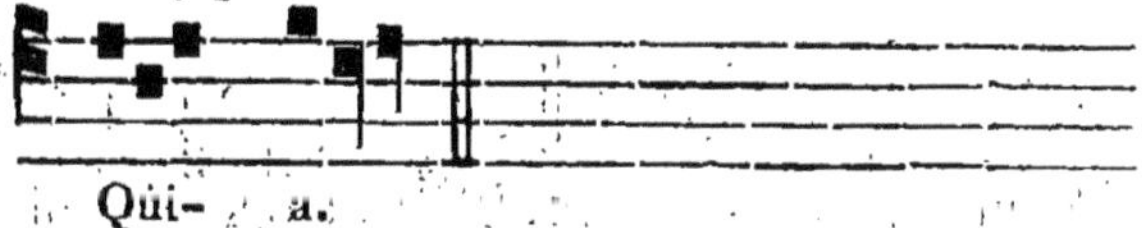

Il fallait voir l'embarras du choriste après cette imposition bizarre. Il voulait rentrer dans le mode, puis prendre le ton de la dominante, il ne pouvait faire ni l'un ni l'autre; il tâtonnait, et le serpent venait ajouter à son embarras en lui donnant un autre ton que le sien et le rappelant à la dominante. Quel désordre!.. quelle confusion!.. quelle pitié de voir que ceux qui, par état, sont obligés non-seulement de chanter les louanges de Dieu, mais même de présider et diriger le chœur, et par conséquent d'y faire régner l'ordre, soient les premiers à y introduire le désordre!... Il est vrai

61. La première est celle qui est indiqué dans les livres de tous les diocèses. Mais ce n'est pas la plus facile ni la plus pratiquable. Elle consiste à suivre les notes marquées pour les premiers mots de l'antienne, en y ajoutant un crochet, absolument comme si le chœur devait continuer l'antienne (60 *et note*). Cette méthode est régulière, et je suis loin de la rejeter, puisque je vais vous l'exposer. Je dis seulement qu'elle n'atteint pas le triple but dont nous avons parlé : elle exige une espèce de calcul difficile et pour l'imposileur et pour le choriste qui doit entonner le psaume à la suite, elle est même à peu près impossible, lorsque celui qui doit imposer l'antienne n'a pas sous les yeux les notes de l'antienne. Quoiqu'il en soit, voici des exemples qui la feront bien comprendre, s'ils ne la rendent pas facile et praticable, ce n'est pas ma faute.

Le crochet à ajouter se fait de trois manières :

1° *Par circonvolution, comme:*

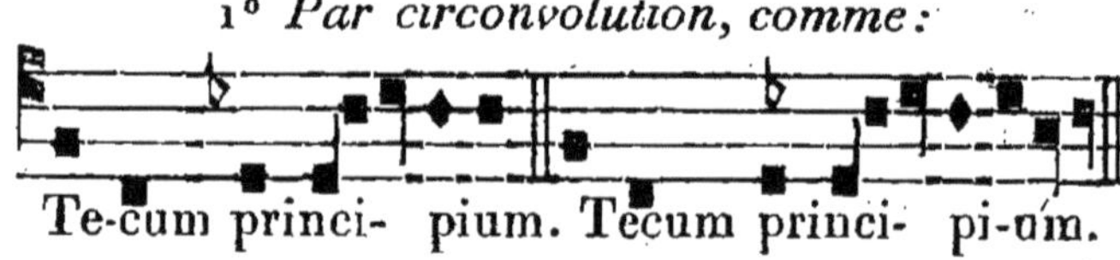

qu'un choriste plus habile ne serait pas embarrassé, et reprendrait avec autant de fermeté; mais alors à quoi aura servi l'imposition? à réunir dans l'office trois choses disparates : le mode précédent qui diffère de celui du malencontreux *quia;* 2° le *quia* lui-même qui est tout surpris de se trouver là ; 3° et l'intonation du psaume suivant qui n'a aucun rapport ni au *quia* ni au mode précédent. Il vaudrait mille fois mieux, je le répète, se passer de l'imposition.

2° *Par intercidence.*

A-pud Do-minum. A-pud Do-mi-num.

3° *Par duplication.*

Vi-dit Je- sus. Vi-dit Je- sus.

Ici, comme dans la manière suivante, il faut établir l'unisson des dominantes.

62. La seconde manière est plus facile et plus satisfaisante dans ses résultats : elle consiste à prendre d'abord la dominante nécessaire, puis à imiter simplement le ton de l'intonation du psaume, en y faisant entrer les notes essentielles qui sont les trois ou quatre premières et les deux ou ou trois dernières qui marquent la médiante; de sorte qu'elle met sur le ton et dans le mode le choriste qui doit entonner le psaume, en lui donnant la dominante, et même en lui traçant en abrégé son intonation. C'est une transition extrêmement douce, d'un mode au mode suivant, et qui rend l'office plus uniforme et plus régulier.

Ainsi l'imposition des antiennes serait toujours la même pour chaque mode, et les modulations en seraient comme il suit : (*)

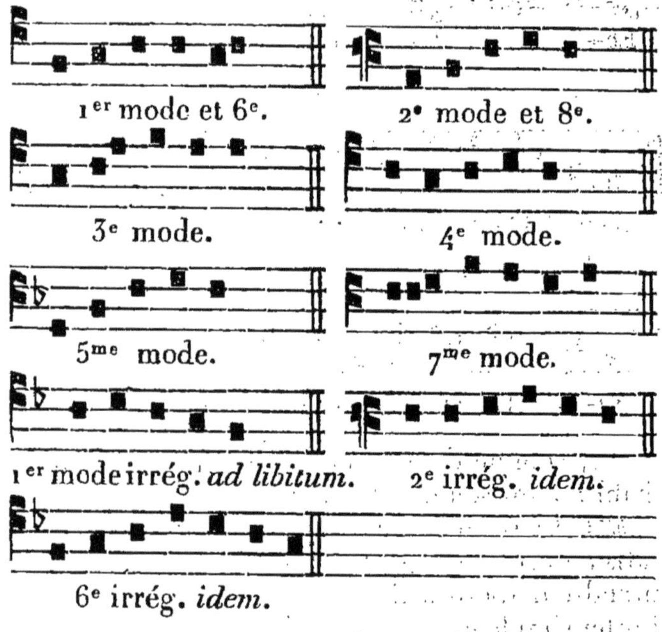

(*) Pour aider votre mémoire dans l'étude de l'imposition des antiennes et dans l'intonation des psaumes, (car on peut confondre ici ces deux choses) je vais vous citer quelques vers que j'ai lus quelque part.

Primus cum sexto fa sol la semper habeto.
Ut re fa, sed mœsto moduletur lingua secundo,
Sol la ut octavus resonabit sic quoque ternus,
La sol la quartus : fa la ut sit tibi quintus,
Septimus ut ut re censetur semper habere.

En Français :

Sixième et premier ton, fa sol la tu diras,
Le deuxième, ut re fa, fa la ut le cinquième,

68. Mais quelque méthode que l'on adopte, il est indispensable pour l'imposition et l'intonation de mettre les modes à l'unisson, ce qui se fait ordinairement en établissant l'unisson des dominantes, c'est-à-dire en faisant en sorte que les dominantes de chaque mode soient sur le même ton. Voici comment :

Au commencement d'un office on doit adopter une dominante selon l'usage des lieux ou de la solennité; c'est le *fa*, le *sol* ou le *la* de l'orgue ou du serpent : c'est sur ce ton que doit être l'intonation de l'officiant : *Deus in adjutorium...*

Vous partirez donc de là pour établir sur ce ton donné la dominante du mode de la 1re ant. à chanter. Exemple : Le Dimanche à Vêpres, 1er ant., 7me mode, dom. *re*. Vous établissez le *re* sur le ton du célébrant, vous vous rappelez la modulation propre à ce mode; comme elle com-

---

La sol la quatrième, ut ut re le septième,
Sol la ut le troisième et huitième chanteras.

Il est une troisième manière qui a pour principe de moduler à peu près la terminaison de chaque mode au lieu de l'intonation, mais elle ne donne ni la dominante ni même le mode d'une manière claire et intelligible : de plus, les impositions seraient plus multipliées à raison des nombreuses terminaisons, et cette manière n'a point de règles assez fixes et donne lieu à l'arbitraire, d'où naît la confusion et la difficulté dans la pratique.

J'aimerais encore mieux une quatrième manière qui consisterait à moduler les accords parfaits dans chaque mode. Mais je vous engage à vous en tenir à la seconde manière, qui est celle de M. Oudoux.

mence par *ut* du *re* donné, vous descendez à l'*ut*, et dites : *ut*, *ut re fa mi re mi ;*

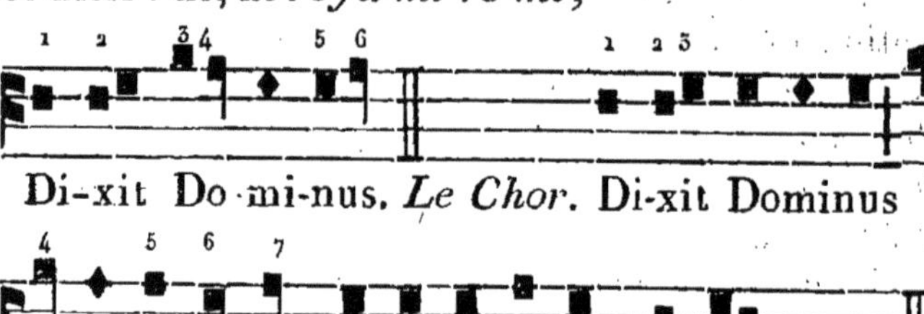

L'antienne, après la psalmodie, finira en *sol.* Or, pour prendre l'imposition de l'antienne suivante du 4me mode, vous commencez par remonter de votre finale *sol* à la dominante *re* du mode précédent, puis sur le ton de cette dominante vous prenez *la*, qui est la dominante du 4me. Vous vous rappelez la modulation pour l'imposition de ce mode, la 1re note étant *la*, vous dites sans changer de ton : *la sol la si la.* Ainsi:

L'antienne finira en *mi :* remontez à la dominante *la* du mode, puis prenez la dominante *la* du mode suivant qui est le premier. Rappelez-vous la modulation pour l'imposition du 1er mode, et comme on commence par *fa*, descendez du *la* au *fa*, et dites : *fa sol la, la, sol, la.* Ainsi :

L'antienne finira en *re*. Remontez à la dominante *la* du 1er mode. Prenez sur ce ton la dominante *re* du mode suivant (7me mode), rappelez-vous la modulation propre pour l'imposition du 7me mode, et comme elle commence en *ut*, descendez du *re* à l'*ut*, et dites : *ut ut re fa mi re mi.* Ainsi :

L'antienne finira en *sol*. Remontez à sa dominante *re*. Prenez sur ce ton la dominante *la* du mode suivant (ou *mi* suivant la clef que vous adopterez ici). Rappelez-vous la modulation du 1er mode irrégulier, et comme elle commence en *la* (ou *mi*), dites sans changer de ton, *la si* ♮, *la sol fa*, (ou ce qui revient au même, *mi fa*, *mi re*, *ut*). Ainsi :

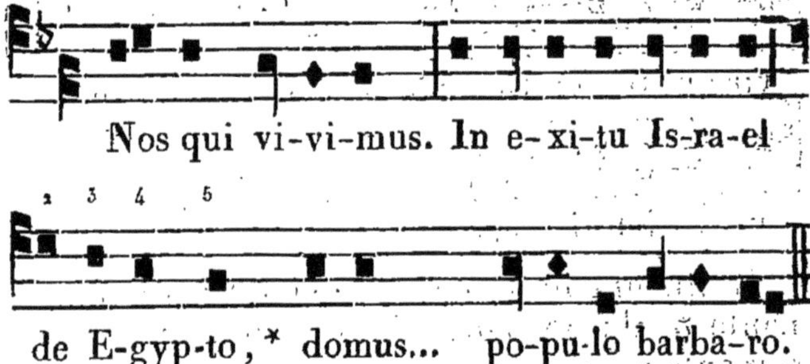

Il me semble que ce peu d'exercices suffit pour vous faire bien comprendre la manière de mettre les modes à l'unisson. Vous choisirez ensuite la manière qui vous plaîra. Dans ces exemples, j'ai appliqué la seconde manière, 1° parce que vous ne la trouveriez pas aussi facilement ailleurs, tandis que la première se trouve marquée dans les livres de presque tous les diocèses; 2° parce qu'elle me semble plus praticable dans toutes les localités: 1° dans les villes où tous les prêtres n'ont pas de livres notés; 2° dans les campagnes ou les bons chantres sont plus rares, et qu'elle offre moins de difficultés et pour l'impositeur et pour le choriste (*).

(*) Le mode du psaume est toujours celui de l'antienne, mais c'est aussi le commencement de l'antienne qui doit régler le choix de la terminaison ou du *Seculorum amen*, que l'on désigne par les voyelles *e, u, o, u, a, e;* les règles principales de ce choix sont dans le rit romain comme il suit; mais elles n'ont pas été adoptées par tous les compositeurs, dont plusieurs se sont affranchis de toute règle.

1° Lorsque l'antienne commence par *re* et descend à *ut*, c'est la terminaison du premier mode en F.

2° Si c'est par *sol, ut, re,* la cadence est celle du premier mode en G.

3° Par *re, la* ou *fa, la*, ascendant, c'est le premier mode en A.

4° Lorsqu'elle commence par *ut* et monte par degré jusqu'à la cinquième note, c'est la terminaison en J.

5° Le troisième mode, lorsque l'antienne commence par *mi* ou *sol*, suivi de *la, ut,* demande la terminaison en A.

6° Les antiennes du quatrième mode, qui commencent par *mi* et vont se reposer sur *sol*, term. en E, et celles qui commencent par *re* et s'élèvent immédiatement *en sol*, term. en F.

7° Il n'y a qu'une terminaison pour le cinquième et une pour le sixième mode.

8° Lorsqu'une antienne du septième mode commence par *la*, ou par *sol*, et monte par degré à la quinte *re*, c'est la term. en A, si elle monte subitement à la même quinte, term. en D.

9° Si l'antienne commence par *si* et monte à *re*, c'est la term. en C, et si c'est par *re*, term. en Ç.

10° Lorsqu'une antienne du huitième mode commence par *ut*, c'est la terminaison en C. Dans tous les autres cas, c'est la terminaison en G.

Je n'ai pas mentionné les terminaisons qui n'ont point de rapport avec les nôtres, mais ces règles qu'ont posées et

§ II. *De la quantité psalmodique ou prosaïque.*

64. Comme le chant coulé rapproche d'une simple lecture, il est nécessaire d'observer comme dans celle-ci les syllabes longues et les brèves, c'est ce que j'entends par quantité. On distingue dans la prose trois espèces de syllabes, de là trois espèces de notes dans la psalmodie, la longue pour les syllabes accentuées, la coulée pour les syllabes ordinaires, et la losange ou rhomboïde pour les brèves ▪, ▪. ◆. ◆.

65. Il n'y a dans chaque mot qu'une syllabe accentuée, toutes les autres sont coulées ou brè-

---

observées les premiers maîtres de l'art, doivent faire sentir à certains chantres, surtout dans les campagnes, le ridicule qu'il y a de vouloir changer dans un office les terminaisons indiquées par les compositeurs, sous prétexte qu'elles ne sont pas belles, et à plus forte raison encore de changer même le mode, en introduisant à la place du mode et de la terminaison indiquée, des chants plus ou moins bizarres, et qui, quand même ils seraient bons, ne conviennent pas avec une antienne d'un autre mode. Un chantre qui veut faire preuve de goût et de bon sens, suivra toujours non-seulement le mode, mais même la terminaison indiquée par le compositeur qui probablement en savait plus que lui. Je ne blâmerais pas cependant un chantre qui, après avoir consulté celui qui préside à l'office divin, remplacerait une terminaison fériale par une terminaison plus solennelle, lorsqu'on fait dans le rit annuel un office composé pour un rit inférieur; mais on ne doit changer le mode dans aucun cas, attendu que c'est le comble du ridicule.

ves. 1° Dans tous les mots de deux syllabes, la première est toujours accentuée, *Déus*, *méus*: *sédes*, *déxtris*. 2° Dans les mots plus longs c'est l'avant-dernière, à moins qu'elle ne soit brève de sa nature (*), ce qui arrive très souvent, et alors c'est la précédente : *Dóminus*, *Ecclésiam*, *Cathólicam*, *apostólicam*, *mulieres*, *muliéribus*, *Lampades*, *lampádibus*, *Exaudiat*, *Lætábitur*, *inimicus*, *scabéllum*, *tuórum*, *virtútis sanctórum*, etc. 3° Dans les mots d'une syllabe, s'ils sont deux de suite, le premier est accentué: *ín te*, *tú es*, *út sis*, etc. Sils sont seuls, ou bien ils se rapportent au mot précédent, et alors ils en sont regardés comme la dernière syllabe, et par conséquent sont coulés, *Sálva me*, *advérsum-te*, *súper vos*, *fácti sunt*, (vous en excepterez le cas où vient à la suite un autre monosyllabe, auquel cas le premier devient bref quand ils sont joints à un mot de deux syllabes : *Salvúm me fac*, etc.) ou bien ils se rapportent au mot suivant, et alors ils deviennent brefs quand ils sont joints à un

---

(*) Une syllabe est longue de sa nature lorsqu'elle se compose de trois lettres, ou qu'on y trouve *o, a, œ, æ*: elles sont brèves lorsque se terminant par une voyelle, la syllabe suivante commence aussi par une voyelle, sauf exception, et lorsqu'elles sont brèves en poésie, sans être accompagnées d'autres brèves, car nous n'admettons pas en proses deux brèves de suite, dans le même mot. *Dóminus misericórdiam*. Il y a cependant des exceptions, par exemple lorsque les deux brèves sont suivies d'un monosyllabe, comme *Adjuva nos, libera nos*. Dans ces cas, *juva* et *bera* sont brèves toutes deux.

mot de deux syllabes, et longs quand ils sont joints à des monosyllabes : *à Pátré*, *ad Déum*, *non fáctum*, *qui tímet*, etc.

66. Toute syllabe longue par sa nature (note page 75 *), qui n'est pas accentuée, devient coulée et toutes les autres sont brèves.

67. Les syllabes coulées sont les plus nombreuses, on passera légèrement sur chacune d'elles en les prononçant bien : lorsqu'on rencontrera une accentuée ou la première d'un mot de deux syllabes on s'y arrêtera d'une manière tant soit peu affectée, puis à la rencontre de la brève, qui est ordinairement précédée d'une accentuée, on passera plus rapidement. Ces règles doivent s'observer dans la lecture du latin, surtout quand on fait une lecture publique : car c'est la vraie prononciation de cette langue dans laquelle il semble que même dans la conversation les étrangers l'emportent sur nous.

§ III. *De l'intonation des Psaumes.* (Intonatio).

68. L'intonation est la modulation que l'on emploie pour commencer à entonner un psaume ou un cantique, elle comprend toutes les notes qui conduisent à la dominante. Elle ne s'emploie qu'au premier verset, excepté aux cantiques évangéliques et en général quand on double l'antienne ou qu'on joue l'orgue, car alors elle se répète à chaque verset, à moins qu'on ne chante en faux-bourdon ; chacun des modes du Plain-Chant a son intonation particulière (62, note).

69. L'intonation régulière pour chaque mode est à peu près la même dans tous les diocèses, mais il n'en est pas toujours de même de l'intonation irrégulière, pour laquelle il est à propos de faire attention aux usages de son diocèse (*).

70. L'intonation régulière ne varie pas pour les psaumes dans un même mode, mais pour les cantiques évangéliques qui se chantent d'une manière plus solennelle que les psaumes; l'intonanation, quoiqu'au fond la même, est ornée de quelques notes de plus, seulement dans les modes pairs. (Voir à la fin les intonations des cantiques évang.)

Le propre de l'intonation est de conduire et de faire sentir naturellement le mode dans lequel on entre : cet objet est assez important, et dans plusieurs diocèses l'intonation du Magnificat, où il faudrait réunir sur un mot les notes essentielles, n'a pas été assez soignée (**).

71. On distingue deux espèces d'intonations: intonation liée et l'intonation non liée.

(*) On appelle intonations régulières celles qui sont communes dans chacun des huit modes, de sorte qu'il n'y a que la terminaison qui change, et irrégulières celles qui n'ont point de rapport avec les intonations communes dans une ou plusieurs de leurs parties.

(**) Je me garderai bien au reste de suivre l'exemple de M. Boquet, et de proposer à ce sujet une réforme à ma manière. Je suis trop persuadé qu'il y a assez de reformateurs sans moi, en attendant que quelqu'un se fasse approuver généralement : mon avis est que l'on se conforme aux usages des diocèses.

Elles s'appellent liées quand la seconde note est liée avec la troisième, comme dans les 1, 3, 4, 6 et 7me mode; et non liées lorsque la seconde note est détachée de la troisième, et qu'elle n'appartient pas à la même syllabe, comme dans le 2, 5 et 8me mode. (Voir à la fin les intonations des psaumes.)

Il est bon de remarquer que dans les intonations *liées* ou dans lesquelles la seconde syllabe doit avoir deux notes; si cette seconde syllabe est brève elle ne compte pas, mais on la fait passer avec la troisième syllabe sur le même ton, et qu'alors c'est sur la troisième syllabe qu'à lieu la liaison, et c'est elle qui porte les deux notes : au lieu que dans les intonations non liées cette seconde syllabe quoique brève, compte pour une syllabe, comme on peut le voir dans les exemples suivants :

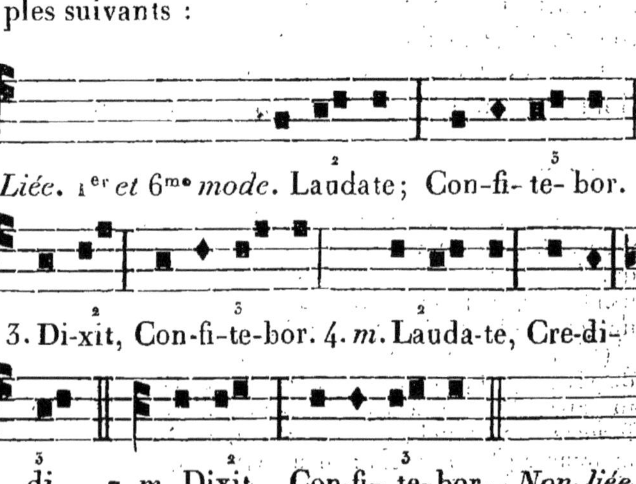

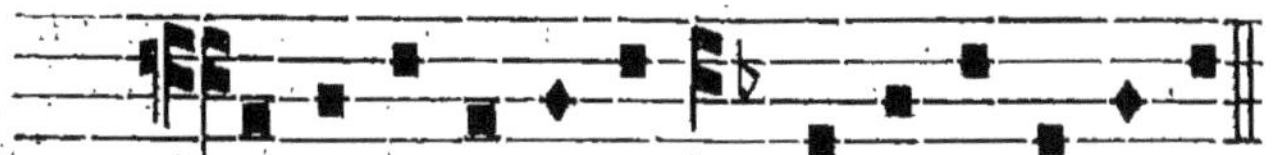

2 *et* 8 *m.* Laudate, Credidi. 5 *m.* Laudate, Credidi.

Nous avons aussi deux vers latins qui peuvent nous aider à retenir les modes qui admettent ou n'admettent pas la liaison ; je me fais un plaisir de les mettre sous vos yeux.

Non ligat octavus seu quintus, sive secundus,
Verum aliis in quinque notas unire memento.

§ IV. *De la Teneur.*

72. On appelle ainsi cette suite de notes sur le même degré de l'échelle (ordinairement c'est la dominante du mode) qui se trouve depuis la fin de l'intonation jusqu'au commencement de la médiante, et depuis la fin de la médiante jusqu'au commencement de la terminaison.

73. On peut dire que la teneur est la seule partie de la psalmodie qui mérite le nom de psalmodie ; parce que les autres parties, l'intonation, la médiante et la terminaison, n'appartiennent pas au chant coulé, mais se chantent en Plain-Chant ou notes égales et carrées. C'est ce qu'il est important de remarquer ici. Lorsqu'on chante un psaume ou cantique, les notes qui forment l'intonation devront être pleines et carrées, jusqu'au commencement de la teneur qui est en chant coulé : au commencement de la médiante on chantera de nouveau en notes carrées, et aussitôt après cette médiante on reprend le chant coulé jusqu'au commencement de la terminaison qui doit être faite en notes carrées. Du reste la teneur n'étant autre chose que la dominante, participe à toutes ses qualités (63 et suivans.)

§ V. *De la Médiation ou Médiante* (Mediatio).

Il y a deux choses à distinguer dans la médiante : la modulation en elle-même, et la pause ou repos qui doit la suivre ; de là deux points dans ce paragraphe.

Ier Point. *De la Médiante en elle-même.*

74. La médiante est une modulation qui termine la première partie de chaque verset des psaumes et cantiques, et qui prépare à la médiante * proprement dite, ou à la pause. C'est elle qui indique plus sensiblement le mode dans lequel on est ; c'est pour cela que je voudrais que sa modulation entrât dans l'imposition de l'antienne (62). Elle se fait irrégulièrement lorsque les mots du psaume qui doivent y être employés, c'est-à-dire les derniers mots de la première partie du verset, sont des monosyllabes ou des mots hébreux ou indéclinables, lorsque ce sont des mots ordinaires, elle se fait regulièrement.

Dans la plupart des diocèses l'irrégularité de la médiante consiste simplement à élever d'une note la dernière syllabe de cette partie du verset;

et cela seulement dans les modes pairs, encore même dans ces modes on n'observe point l'irrégularité lorsqu'on chante en faux-bourdon. La plupart des bréviaires l'indiquent pour les modes irréguliers, 1er et 2me en A ou D, et 6me en C. Mais l'irrégularité fait un assez mauvais effet, et il serait à désirer qu'on la supprimât. C'est l'opinion de M. Oudoux.

75. Quant à la médiante régulière, elle varie un peu suivant les diocèses, mais assez généralement on s'accorde 1° à ne faire aucune modulation propre à la médiante sur la pénultième syllabe, si celle-ci est brève; car alors elle ne compte pas pour une syllabe, mais passe avec la suivante sur le même ton. *Exemple* :

2° quand la médiante commence en montant, l'élévation de la voix ne se fait jamais sur la dernière syllabe d'un mot (2), ni sur la pénultième syllabe brève d'un mot de plus de deux syllabes (3), mais on avance d'une syllabe le commencement de la médiation, excepté dans le 1er mode en A (1).

Au reste les bréviaires de chaque diocèse s'expliquent à ce sujet, et il est nécessaire de les consulter. Cependant nous tâcherons de réunir sous un même point de vue les différences, lorsque nous ferons le tableau des intonations, etc., à la fin de ce chapitre.

IIme Point. *De la Médiante, proprement dite, ou Pause.*

76. La pause dont il s'agit ici est un repos que l'on doit faire au milieu de chaque verset d'un psaume ou cantique, et qui est toujours marqué par une *. On ne doit le faire ni trop long ni trop court : c'est le goût qui doit en décider. Il doit cependant être plus long au milieu du verset * que lorsqu'on est obligé d'en faire pour reprendre haleine aux virgules et aux points; (car c'est là seulement qu'on doit reprendre son haleine, à moins qu'elles ne soient trop éloignées, auquel cas il faut avoir soin de ne pas couper un mot ni une phrase où il ne convient pas (*), et dans ce dernier cas on ne doit s'arrêter que le temps nécessaire pour reprendre haleine.

(*) Il est essentiel de ne pas couper ainsi les mots ni les phrases à contre-temps; on peut se faire une idée de l'importance de cette règle, en essayant d'introduire dans la langue que l'on connaît de semblables coupes. En voici un

Il est bon aussi de faire une demi-pause avant la médiante et avant la terminaison, autant que le sens des paroles le permet, afin de reprendre son haleine et donner aux voix le temps de se réunir pour la médiation et la terminaison.

On doit éviter de traîner à la fin des versets afin de faire sentir le petit silence qui doit régner avant la reprise du chœur suivant, on sera peut-être surpris lorsque je dirai que c'est Saint

---

échantillon : qu'elle indécence n'y aurait-il point à complimenter un roi de la manière suivante :

« Sire tout le, monde admire la, sagesse de votre, gouvernement et je ne, crains pas de, dire que, etc.»

Ce serait pourtant de la même manière que l'on complimenterait dans son palais ou son temple le Roi des rois, le Dieu créateur du ciel et de la terre, et cela en présence d'une assemblée nombreuse; si dans le chant ecclésiastique qui est consacré à sa louange, on n'avait pas soin de s'arrêter aux points et aux virgules, et jamais en d'autres endroits, sans l'avis des personnes qui comprennent le latin.

Ces derniers cas sont assez difficiles à pratiquer, mais l'usage et l'application font beaucoup dans cette matière; et j'ai connu des chantres qui sans savoir le latin, avec la seule attention d'écouter les prêtres, étaient parvenus à une grande perfection en ce point. On ne les entendait jamais tomber dans ces défauts intolérables dont nous signalons ici les principaux pour suppléer aux règles qu'il est impossible de donner. On les entendait exactement dire : *Domine ,-ad adjuvandum me ,-festina : sede ,-à dextris mèis : Laudatio ejus* ou *Justitia ejus,-manet in sæculum seculi. Intellectus bonus ,-omnibus facientibus eum : Excelsus,-super omnes gentes Dominus : Benedictus,-qui venit in nomine Domini : Et vincas,-cùm judicaris. Et exaudi nos, -in die quâ invocaverimus te. Dignum , -et justum est.*

Bernard qui trace ces règles. *(Serm. 47, in cantica, versùs finem).*

§ VI. *De la Terminaison.* (Terminatio).

77. On appelle terminaison, la modulation par laquelle on finit les versets dans la psalmodie et qui prépare à la finale. On en a introduit un grand nombre afin de rendre la psalmodie plus agréable par la variété; on doit observer les mêmes règles pour la terminaison que pour la médiation.

78. Il y en a de trois espèces: les unes sont appelées *incomplètes*, parce qu'elles ne descendent pas jusqu'à la finale de leur mode; les autres *complètes*, parce qu'elles se terminent par la finale de leur mode; et enfin d'autres sont dites plus que *complètes*, parce qu'elles descendent au-dessous de cette finale.

79. Cette terminaison se trouve indiquée dans les livres de chant, avant chaque antienne, par une suite de notes sans paroles, ou du moins avec des mots ou des caractères qui n'y ont point de rapport ordinaire, comme *Ant* 1. *D.* et autres semblables (*). Le mot *Ant.* veut dire *Antienne*, le chiffre désigne le ton, et la lettre indique la terminaison comme nous l'avons dit, si elle est majuscule, elle indique une terminaison complète; et si elle est minuscule, elle indi-

(*) Dans les livres du rit romain, elles sont désignées par des chiffres.

que la terminaison incomplète ou plus que complète.

80. La lettre J que l'on trouve dans le premier mode pour une terminaison en D. ne désigne rien par elle-même : mais comme il y a déjà deux terminaisons en D. qu'on a désignées par D et d. ; quoiqu'on eut pu désigner par *D* penché cette dernière terminaison, on est convenu de la représenter par cette lettre qui est un I allongé, ou avec une queue, comme pour peindre cette queue de notes qui se trouve sur la dernière syllabe.

§ VII. *Des Neumes.*

81. Le neume est une suite de notes que l'on ajoute à la fin des Antiennes, suivant les différents modes, et qui résume les modulations propres à chacun de ces modes.

Ces neumes ou jubilations, comme les appelle saint Augustin, marquent la plénitude d'un cœur qui s'efforce de proférer par de pieux accents ce que nos paroles ne sauraient exprimer : et à qui convient, ajoute encore ce pieux docteur, cette sorte de louange, sinon à Dieu, qui est un être ineffable ; car il est ineffable, et nous ne pouvons qu'admirer ses perfections infinies, et si nous ne pouvons chanter ses perfections, et si d'un autre côté nous ne devons pas rester muets, que nous reste-t-il à faire que de jeter des cris d'admiration et de joie, afin que le cœur se réjouisse sans proférer de paroles, et que l'immense étendue de sa joie et de son admiration, ne soit pas retenue dans les bornes de certaines syllabes. (Evan. II. in Psalm. 32.)

Il y a des neumes particuliers et des neumes généraux.

Les neumes particuliers sont ceux qui varient suivant les différentes pièces. Comme ceux qui se trouvent après l'*Alleluia* du Graduel, à la messe. Ce sont ceux qui ont donné naissance aux Proses de la messe, qui expriment toujours la joie et l'admiration; et c'est pour cela qu'elle s'appelle en latin *sequentia*, qui veut dire que c'est la suite de l'alleluia; aussi dans plusieurs diocèses, lorsqu'on chante la Prose on supprime le neume qui se trouve immédiatement avant.

Dans toute l'octave de Pâques il n'y a de neume qu'à *Hæc est dies*, et il ne se fait pas aux petites heures.

Les neumes généraux sont les mêmes pour chaque mode. Dans toutes les fêtes annuelles de première et de seconde classe il est d'usage, presque partout, de faire un des neumes généraux, suivant le mode : 1° à la fin de l'antienne après *Magnificat*, *Benedictus* et *Nunc dimittis*; 2° à la fin de la dernière antienne de chaque Nocturne, de Laudes et des Vêpres; 3° dans les fêtes au-dessous et les Dimanches, on le fait seulement à la fin de l'antienne qui suit les cantiques évangéliques.

(Voir à la fin du volume ces neumes généraux, tels qu'ils se font presque partout, à quelques exceptions près.)

ESSAI SUR LA SCIENCE DU CLAVIER

ET SPÉCIALEMENT

DE L'ORGUE.

La science du clavier, reléguée il y a soixante ans dans le fond des grands châteaux, sous le nom de science du clavecin ou du piano, est devenue aujourd'hui beaucoup plus commune ; grâces en soient rendues à l'auteur de tout don parfait. Mais efforçons nous de la propager de plus en plus, afin de la faire servir à relever la pompe de nos cérémonies, en l'appliquant à l'orgue, qui est un instrument essentiellement religieux. Plusieurs auteurs de méthode de chant donnent une méthode de serpent ou d'ophycléide ; mais ces instruments sont aujourd'hui réprouvés par les grands maîtres de la science du chant (MM. Danjou et Fetis). Servons-nous en à défaut de mieux ; mais donnons aux jeunes gens la pensée et la facilité de se livrer à la science du clavier. Tel enfant né pour être un organiste distingué, ne penserait pas à se livrer à cette étude, montrons lui la porte de la science.

L'orgue serait sans contredit le premier des instruments s'il pouvait imiter la voix qui file les sons, puisqu'aujourd'hui on a trouvé le moyen de les enfler et de les diminuer à volonté, comme font les instrumens à archet, et cela par l'invention de l'expression : il pourrait alors imiter les mouvements qu'inspire une âme pénétrée des sentiments variés de toutes les passions. Le clavier procure l'avantage de pouvoir *seul* former un concert.

Le clavier est composé de deux espèces de touches, qui ordinairement sont blanches pour les sons de la gamme naturelle ou diatonique, et noires pour les sons qui ont rapport à la gamme chromatique, je veux dire les dièses et les bémols.

Pour trouver sur le clavier les notes de la gamme, il suffit de remarquer que toutes les touches étant à un demi-ton l'une de l'autre, comme il y a dans la gamme deux demi-tons naturels (*mi-fa* et *si-ut*), il y a dans chaque octave du clavier quatre touches de la même couleur (blanche) qui se suivent deux à deux, et qui ne sont pas séparées par une touche d'une autre couleur (noire). La seconde de ces deux touches blanches est donc le *fa*, ou l'*ut*; c'est le *fa*, si la quarte en montant donne un triton, ou quarte majeure, et ce sera l'*ut* si la quarte est mineure; il est facile après cela de connaître toutes les notes de la gamme. La première avant les deux touches noires est l'*ut*, la première touche noire est l'*ut* ✳, viennent ensuite *re*, *re* ✳, *mi*, *fa* (touches blanches), *fa* ✳, *sol*, *sol* ✳, *la*, *la* ✳ ou *si* ♭, *si*, *ut* (touches blanches, etc.)

Vous vous asseyerez au milieu du clavier pour atteindre avec facilité les touches les plus basses, ainsi que les plus hautes; vous vous placerez à une distance et une hauteur convenables : 1° la distance doit être telle que les coudes soient plutôt un peu en avant du corps qu'en arrière, et cela pour que les mains puissent se croiser sans obstacle, au besoin. Quant aux coudes, ils ne doivent être ni trop élevés ni trop serrés contre le corps, ni trop détachés de lui. Soyez assis de sorte que le corps et la tête soient dans une position droite, et évitez avec soin les mouvements d'épaules, qui produiraient des contorsions, des grimaces, et détruiraient l'attitude grâcieuse qu'il est nécessaire d'avoir sur l'instrument; 2° la hauteur : il faut que l'avant-bras soit un peu incliné vers les touches, que les mains sur le clavier n'indiquent aucune gêne, que le pouce soit un peu recourbé sur lui-même, que les autres doigts soient écartés de la largeur des touches, et aussi légèrement recourbés sur elles, et que chaque doigt ait son mouvement indépendant des autres, c'est-à-dire que lorsqu'un doigt se lève ou se baisse, les autres ne le suivent pas.

Lorsque vous touchez le clavier, les coudes doivent être très peu plus élevés que la main, et posés de manière que leur pointe corresponde au milieu de chaque côté.

Il est essentiel, principalement si vous jouez le piano, de ne jamais frapper la touche avec la force du bras, mais seulement avec la force qui provient des nerfs des doigts. Ces nerfs ne doivent jamais être roidis, et il faut leur laisser le libre mouvement, afin que l'on puisse à volonté et sans gêne adoucir ou appesantir la pulsation sur la touche. Les doigts doivent être un peu couchés et les nerfs détendus et souples, car cette tension nerveuse s'opposerait à la liberté du mouvement et ôterait aux mains la faculté de déployer et rejoindre promptement les doigts, ce dont on a besoin à chaque instant. La souplesse des nerfs permet au contraire de faire toutes les extensions possibles, de supprimer un doigt, d'en doubler facilement sur la même touche, enfin de passer le pouce pardessous les autres doigts, ou ceux-ci pardessus le pouce, selon le besoin.

Une autre observation essentielle, surtout pour le piano, c'est qu'en exécutant, les bras ne fassent aucun mouvement, soit en avant, soit en arrière, et que les doigts se trouvent constamment près des petites touches élevées, pour qu'ils soient toujours préparés à toucher les dièses et les bémols quand le cas se présente. Le pouce et le petit doigt ne doivent les toucher que dans la nécessité, et pour cette raison peuvent en rester un peu plus éloignés. Enfin, ayez soin que vos mains restent dans la même direction sur toute l'étendue du clavier; il est bien entendu que les doigts ne doivent rester sur les touches que le temps qu'exige la valeur de chaque note.

L'usage du pouce mérite attention en ce qu'il sert de régulateur pour tous les doigts: il est essentiel pour maintenir les autres doigts dans une position grâcieuse, parce qu'il les tient toujours légèrement recourbés, afin qu'il puisse tantôt passer sous l'un ou sous l'autre, comme sous une petite voûte. Par le moyen du pouce on joue certains passages clairement, facilement et uniment, tandis que sans son secours on ne pourrait les exécuter qu'avec les doigts raidis et allongés, ce qui ne produirait qu'un résultat forcé et plein de gêne. Quand le pouce n'aura rien à faire dans un passage, on ne doit jamais le laisser traîner ou pendre plus bas que les touches.

DU DOIGTER.

Une des choses les plus essentielles pour bien jouer, c'est d'avoir un doigter fixe et régulier, fut-il même mauvais: c'est-à-dire que dans chaque passage les mêmes notes doivent toujours être touchées par les mêmes doigts; mais s'il est nécessaire que le doigter soit fixe pour bien jouer, il est important qu'il soit bon pour jouer dans la perfection.

Chaque musicien, dit-on, a son doigter particulier; c'est une erreur, sauf quelques exceptions. Il ne doit et ne peut y avoir généralement parlant qu'un seul doigter, une seule règle; et c'est toujours la raison qui l'indique. Le meilleur est celui qui est le plus facile et le plus propre à jouer un passage dans la perfection; et quoique cette règle soit un peu vague, on ne varie guères dans l'application qu'on en fait.

La première règle est de ne jamais toucher les demi-tons avec le pouce, et très rarement avec le petit doigt, excepté dans la nécessité qui est rare, car les trois doigts du milieu étant plus longs, et ces touches étant plus courtes que les autres, il est naturel de leur laisser cette fonction, lorsque les notes se jouent successivement les unes après les autres. Il est clair que s'il y a plusieurs accords à faire, la règle ne peut pas toujours avoir lieu.

C'est dans les divers changements des doigts que consistent les principes du doigter, et il y a deux moyens d'opérer ces changements avec facilité et avec adresse, savoir: passer le pouce pardessous les autres doigts, et ceux-ci pardessus le pouce.

Il s'agit ensuite d'appliquer ces deux moyens suivant les occasions qui leur sont propres. On doit d'autant plus étudier ces différents cas, que si c'est une faute de passer le pouce après le petit doigt, c'en est une autre plus grave de passer le second doigt pardessus le troisième, celui-ci pardessus le second, le quatrième pardessus le troisième, le troisième pardessus le quatrième, et le quatrième pardessus le cinquième, *et vice versâ*, et le petit doigt pardessus le pouce.

Il est nécessaire de s'exercer sur des gammes et des pièces dont le doigté est chiffré. Une observation très importante, c'est de prévoir d'avance l'instant où il faut changer de doigts, et pour y parvenir, on doit en exécutant un passage, accoutumer les yeux à se fixer rapidement sur le chant ou trait qui suit, afin de préparer les doigts convenables, en calculant d'avance la quantité de doigts à prendre pour arriver au demi-ton qui pourrait suivre, ou pour se donner une position assurée pour la suite du chant ou trait qu'on exécute. Dans tous les passages ou traits il faut faire en sorte que le pouce se trouve avant un demi-ton ou après, soit en montant, soit en descendant. Lorsque par l'exercice on est parvenu à ce que le pouce se place de lui-même naturellement et à propos, on est arrivé au plus haut degré de perfection dans le doigter. En passant le pouce pardessous les doigts, ou les doigts pardessus le pouce, on doit lier les sons de manière qu'on n'entende pas ce changement, soit par une interruption, soit par des sons plus forts ou moins forts, s'il s'agit du piano.

Quand il y a deux ou plusieurs notes sur la même touche, il faut changer de doigt sur une des doubles notes qui suit quand il y en a plusieurs, et sur la seconde, quand il n'y en a que deux, pour se ménager une position avantageuse soit pour monter ou pour descendre. Lorsque le même son est reproduit plusieurs fois de suite (sans avoir besoin pour cela de monter ou descendre dans le passage) dans un mouvement modéré ou lent, il serait inutile de changer de doigt, mais cela devient nécessaire dans les mouvements animés, ou quand il se trouve des notes à double croches; dans ces occasions, on peut employer tantôt deux, tantôt trois et quatre doigts de suite, en évitant l'emploi du petit doigt, qui est le moins propre à cause de sa faiblesse.

Pour les gammes dans tous les tons, comme dans les traits ou passages de simples notes, on doit employer tous les doigts l'un après l'autre, et il n'est permis de toucher deux notes consécutives avec un même doigt que lorsqu'il y a un saut à faire d'un point du clavier à l'autre; ou quand il se trouve un soupir ou un silence, parce que, dans ce dernier cas on a le temps de le faire sans nuire à la grâce de l'exécution.

Lorsque vous passez les doigts pardessus le pouce, n'en passez pas plus que vous n'en avez besoin pour le trait qui suit, ce qui serait gênant et inutile.

Dans tous les passages la note la plus basse doit être touchée par le pouce, et la plus haute par le petit doigt. Mais quand la note se trouve être un demi-ton, c'est le second doigt qui doit remplacer le pouce, et le quatrième le petit doigt.

Un des principes les plus essentiels du doigter est de supprimer à propos certains doigts, pour faire plus commodément la suite du trait.

En général, le goût et la réflexion sont les meilleures règles, et c'est sur ces deux choses que sont fondées celles que je viens de tracer.

Je dois commencer par vous donner le doigter des différentes gammes, viendra ensuite celui des différents traits ou passages.

La première portée est celle de la main droite, et la seconde celle de la main gauche.

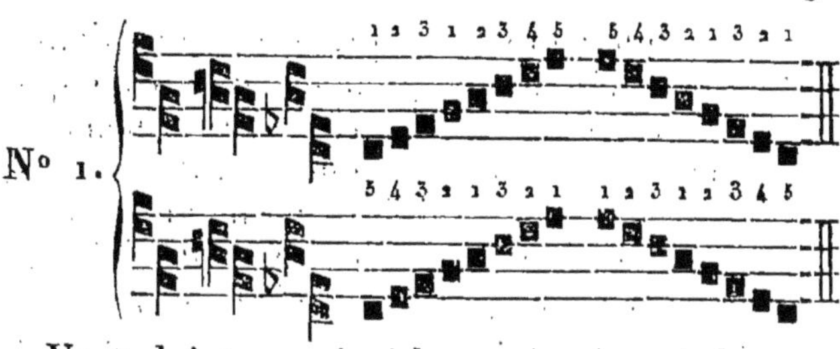

Vous doigterez ainsi la gamme en *re* du premier mode, en prenant la quatrième clef pour une clef de *sol*; celle en *la* du premier mode irrégulier et du deuxième régulier, en prenant la troisième clef; celle du troisième mode, en suivant la cinquième clef; celle du quatrième mode, en suivant la sixième clef; celle du septième mode, en suivant la seconde clef; et celle du huitième mode, en suivant la quatrième clef comme clef de *sol*. Comme aussi celle du cinquième irrégulier, en suivant la première clef; et celle du sixième irrégulier, en suivant la seconde clef.

Il ne me reste plus à vous montrer pour ce qui regarde le Plain-Chant, que le doigter de la gamme du cinquième et du sixième mode irréguliers, et le voici :

Je vous ferai observer que je ne vous donne ce doigter différent du premier, que parce que souvent dans ces modes on trouve des *si* bémols, ce *si* bémol qui, comme je vous l'ai dit, doit être pris par un des longs doigts (ici le quatrième), est la seule cause de cette différence de doigter. Si donc vous n'avez pas de bémols dans une pièce, vous pouvez suivre le premier doigter que j'ai donné; et en général il n'y aurait qu'un doigter pour tous les modes, s'il n'y avait pas de transpositions: mais les transpositions nous obligent d'avoir recours au doigter des gammes de la musique.

Réciproquement on peut aussi doigter toutes les gammes précédentes comme celle de *fa*, avec un *si* bémol; mais ceci doit se faire rarement, et est irrégulier en ce que, contrairement à la règle, ce n'est pas le petit doigt qui touche la note la plus haute.

Quant aux gammes de la musique, la multiplicité des dièses et des bémols forcent de varier le doigter.

Cependant comme les règles ne s'y opposent pas, vous doigterez de la première manière: 1° la gamme d'*ut* majeur; 2° la gamme de *sol* majeur et toutes les autres gammes, excepté celles de *fa* et *fa* dièse ou *sol* bémol majeur et mineur, de *sol* dièse ou *la* bémol majeur et mineur, de *re* dièse ou *mi* bémol majeur, celle en *la* dièse ou *si* bémol majeur et mineur, celle en *re* bémol ou *ut* dièse majeur et mineur.

Je vais vous tracer le doigter des gammes de

la musique qui sont les plus usitées dans les transpositions du Plain-Chant.

1° Gamme d'*ut* majeur, dont la relative est *la* mineur, sur laquelle il faut commencer à vous exercer, tant que vous la ferez dans la perfection et facilement: d'abord de la main droite, puis de la main gauche, puis des deux mains ensemble. (*Voyez* n° 1, première clef.)

2° Gamme de *sol* majeur, dont la relative est *mi* mineur (*fa* dièse à la clef), même doigter que la précédente. Elle vous sera facile lorsque vous saurez l'autre.

3° Gamme de *re* majeur, dont la relative est *si* mineur (*fa* dièse et *ut* dièse), toujours même doigter, c'est-à-dire qu'en partant du *re* il faut faire 1, 2, 3, 1, 2, 3, 4, 5.

4° Gamme de *la* majeur, dont la relative est *fa* dièze mineur, toujours le même doigter (*fa ut sol* dièse).

5° Gamme de *mi* majeur (*fa ut sol re* dièse), toujours le même doigter.

6° Gamme de *si* majeur (*fa ut sol re la* dièse), même doigter pour la main droite, mais pour la main gauche 4 3 2 1 4 3 2 1.

7° *Fa* dièse majeur (six dièses, *fa ut sol re la mi*). Voir *sol* bémol. Six bémols, la même.

8° *Ut* dièse majeur (sept dièses, *fa ut sol re la mi si*). Voir *re* bémol majeur: cinq bémols. C'est la même gamme, faites alors 2 3 1 2 3 4 1 2
ut re mi fa sol la si ut
main gauche 3 2 1 4 3 2 1 2.

9° *Fa* majeur, dont la gamme relative est *re* mineur (*si* bémol), doigter n° 2.

10° *Si* bémol majeur, dont la relative est *sol* mineur (*si mi* bémol) {2 1 2 3 1 2 3 4. / 3 2 1 4 3 2 1 2.

11° *Mi* bémol ou *re* dièse (trois bémols, *si mi la*) {2 1 2 3 4 1 2 3. / 3 2 1 4 3 2 1 2.

12° *La* bémol ou *sol* dièse, dont la relative est *fa* mineur (4 bémols, *si mi la re*) {2 3 1 2 3 1 2 3. / 3 2 1 4 3 2 1 2.

13° *Ut* dièse ou *re* bémol majeur (cinq bémols) {2 3 1 2 3 4 1 2. / 3 2 1 4 3 2 1 2.

14° *Fa* dièse ou *sol* bémol majeur (six bémols) {2 3 4 1 2 3 1 2. / 4 3 2 1 3 2 1 2.

GAMMES MINEURES PRINCIPALES.

Ut mineur, trois bémols *si mi la*; doigter n° 1.
Sol mineur, deux bémols *si mi*; doigter n° 1.
Re mineur, un bémol *si*; doigter n° 1.
La mineur; doigter n° 1.

Ces principes étant posés pour le doigter des gammes, il ne reste plus qu'à les appliquer aux différents passages,

Si les gammes qui ont pour doigter le n° 1 ont une note de plus dans le haut, il est facile de juger qu'on devra prendre la première partie du n° 2, et doigter 1 2 3 4, 1 2 3 4 5; si elles montent de deux notes, 1 2 3, 1 2 3 4, 1 2 3; puis si l'on montait encore plus haut, 1 2 3, 1 2 3 4, 1 2 3 4; puis encore plus haut, 1 2 3, 1 2 3 4, 1 2 3 4 5; enfin plus haut 1 2 3 4,

1 2 3 4, 1 2 3 4 5, de manière que le doigter le plus naturel de la triple octave est 1 2 3, 1 2 3 4, 1 2 3, 1 2 3 4, 1 2 3, 1 2 3 4 5.
ut re mi fa sol la si ut re mi fa sol la si ut re mi fa sol

TIERCES QUI SE TOUCHENT ENSEMBLE OU SÉPARÉMENT.

La première précaution est d'éviter de se servir du pouce et du petit doigt pour les demi tons, comme je l'ai déjà dit, à moins qu'on ne soit dans le cas de sauter sur des notes éloignées.

Un principe général est que les positions $\begin{smallmatrix}5 & 5 & 4\\ 1 & 2 & 3\end{smallmatrix}$ pour l'exécution des tierces, sont contre nature, et par conséquent vicieuses.

Les tierces devront donc se faire 1—3 2—4; et 2—4, 3—5.

Pour les tierces brisées ou qui ne se touchent pas ensemble, la gamme en montant serait 1—3, 2—4, 1—3, 2—4, 1—3, 2—4, 1—3, 2—4, etc.; et dans le cas d'une grande célérité, 2—4, 2—4, 2—4, etc.

QUARTES.

Les quartes qui se touchent ensemble doivent se faire avec les doigts, $\begin{smallmatrix}5 & 4 & 5 & 4\\ 2 & 1 & 2 & 1\end{smallmatrix}$ etc.

Les quartes brisées de même.

QUINTES.

Le doigter est aussi $\begin{smallmatrix}4 & 5 & 4 & 5\\ 1 & 2 & 1 & 2\end{smallmatrix}$ etc.

SIXTES.

Comme elles exigent un plus grand développement des doigts, on peut se servir plusieurs fois de suite du petit doigt ainsi que du pouce, sans avoir égard si c'est au commencement ou à la fin d'un passage; les doigts seront $\substack{4\ 5\ 5\\1\ 2\ 1}$ ou $\substack{3.\\1.}$

Il en est de même des sixtes brisées.

SEPTIÈMES.

Le doigter sera $\substack{5\ 1\\1\ 5}$, quand elles sont liées deux à deux $\substack{4\ 5.\\1\ 1.}$

OCTAVES.

C'est aussi $\substack{5\ 1\\1\ 5}$, quelquefois $\substack{4\\1}$ quand on les touche ensemble; mais quand elles ne sont pas frappées ensemble, c'est 1—5, quelquefois 1—4.

ACCORDS FRAPPÉS ENSEMBLE.

Il faut placer les doigts de manière à ne pas être gêné, et en général, s'il y a une tierce surtout en mineur dans le haut de l'accord, il est convenable de faire agir le quatrième et le cinquième doigt, mais s'il s'agit d'une tierce majeure on se servira du troisième et du cinquième, parce que le troisième a plus de force.

S'il se trouve une quarte dans le haut, on emploiera aussi le troisième et le cinquième.

Les accords brisés se doigtent de la même manière, surtout dans les tons non bémols.

Si dans les accords les deux notes extérieures ou extrêmes tombent à la fois sur deux petites touches ou demi tons, il faut sans balancer se servir du pouce et du petit doigt, parce qu'alors la main se trouve dans sa position naturelle, et que les raisons qui s'opposaient à l'emploi de ces deux doigts pour les demi tons, n'existent plus.

Il faut observer que si dans les accords brisés le pouce ou le petit doigt se trouve placé sur une petite touche, on ne doit pas renverser d'autres doigts pardessus eux.

TONS TENUS.

Le soin principal qu'on doit avoir, dans le cas dont il s'agit, est de ne pas quitter la note tenue, de quelque valeur qu'elle soit, et à l'égard des autres notes qui doivent se faire entendre pendant la durée de la note tenue ; si le trait ne permettait pas de suivre exactement les principes du doigter, il faudrait bien alors s'en écarter, c'est-à-dire qu'on se servirait plusieurs fois de suite des mêmes doigts, que l'on pourrait même passer le troisième doigt pardessus le quatrième, ou le quatrième pardessus le cinquieme.

Il arrive aussi dans les tenues qu'on est obligé de poser deux doigts de suite sur la même touche, sans pourtant la refrapper, mais seulement pour soutenir le son pendant le changement de doigt, et cela ne doit se faire que pour préparer un changement de position, soit en montant soit en descendant.

DES ACCORDS.

On appelle accord ou harmonie la réunion simultanée de plusieurs sons combinés d'une manière agréable et régulière.

Le rapport que doivent avoir les notes entre elles pour produire harmonie ou accord, dépend de trois choses : 1° de l'espèce de mode dans lequel on se trouve ; 2° de l'espèce de note sur laquelle on veut baser l'accord, ou de ce que l'on appelle la basse fondamentale ; et 3° des différentes modulations accidentelles qui se rencontrent dans le mode.

On distingue deux accords principaux : l'accord parfait ou consonnant, et l'accord imparfait ou dissonnant.

1° L'accord parfait dans les gammes ou dans les modes majeurs sera *ut mi sol*, *sol si re*, *re fa la* ; dans les modes mineurs, les notes *la ut mi*, *mi sol si*, *re fa la*. Mais l'accord parfait, proprement dit, se fait sur la tonique (52).

Quoique l'harmonie de l'*accord imparfait* soit douce et agréable, il a pourtant quelque chose d'incomplet, et l'on ne s'en sert qu'en passant. Ce sont dans le mode d'*ut* majeur les notes *sol si re fa*, *re fa la ut* ; dans le mode de *la* mineur, *mi sol* dièse *si re*, *si re fa la*.

Tels sont les principes qui demanderaient d'amples développements au-dessus de la portée de ceux pour qui j'écris.

Cependant essayons d'entrer dans quelques détails : *capiat qui potest.*

2° La basse fondamentale est celle qui n'est formée que des sons fondamentaux de l'harmonie, de sorte qu'au-dessous de chaque accord elle fait entendre le vrai son fondamental de cet accord, d'où il suit qu'elle n'est pas entièrement abandonnée au caprice du compositeur, qu'elle est soumise à certaines règles, ne pouvant avoir d'autre contexture que celle de la succession fondamentale de l'harmonie, de sorte que si cette basse s'écarte de l'ordre prescrit, il y a faute dans l'harmonie.

Pour bien entendre ceci, il faut savoir que tout accord, quoique composé de plusieurs sons, n'en a qu'un qui soit fondamental ; savoir celui qui a produit cet accord. Majeur UT, *mi*, *sol ;* SOL, *si*, *re ;* RE, *fa*, *la ;* FA, *la*, *ut*, *fa ;* UT, *mi*, *sol.*

Mineur : LA, *ut*, *mi ;* MI, *sol* dièze, *si*, *re* ; SI, *re*, *fa*, *si ;* RE, *fa*, *la*, *re.*

Or, il faut remarquer que la basse indiquée dans un morceau et qui règne au-dessous des autres parties, n'exprime pas toujours les sons fondamentaux des accords, ou en d'autres termes que la basse chantante peut être différente de la basse fondamentale ; car entre tous les sons d'un accord, le compositeur, pourvu qu'il respecte les règles de la basse fondamentale, est toujours maître de porter à la basse (chantante) celui qu'il croit préférable, eu égard à la marche de cette basse au beau chant ou à l'expression. Alors le vrai son fondamental, au lieu d'être à sa place naturelle, qui est la basse se transporte dans les autres parties, ou même se sous-entend et ne s'exprime point ; et un tel accord s'appelle *accord renversé,* qui dans le fond ne diffère point de l'accord direct qui l'a produit, puisque ce sont toujours les même sons : UT, *mi*, *sol*, *ut;* MI, *sol*, *ut*, *mi ;* SOL, *ut*, *mi*, *sol*, etc.

Cependant ces sons formant des combinaisons différentes, après les avoir pris pour autant d'accords fondamentaux jusqu'au temps de Rameau, inventeur de la basse fondamentale, on a jugé à propos, même après cette découverte, de les distinguer par des noms particuliers qui ne laissent pas de compliquer extraordinairement la science de l'harmonie, que je réduis ici à sa plus simple expression, attendu que la différence des noms n'en produit pas dans les choses.

Il me semble que l'on peut dire qu'il n'y a que deux accords fondamentaux qui sont composé du son fondamental ou grave, de sa tierce et de sa quinte (on peut y joindre l'octave) on les appelle accord majeur et mineur, *direct*, *parfait*, ou *consonnant*, eux seuls produisent tous les autres accords, et cela *par* le *renversement*. Ex.

L'accord parfait majeur, *ut*, *mi*, *sol*, renversé produit l'accord de sixte *mi*, *sol*, *ut ;* et l'accord de sixte-quarte *sol*, *ut*, *mi*. L'accord parfait mineur, *la*, *ut*, *mi*, renversé produit l'accord de sixte, *ut*, *mi*, *la;* et l'accord de sixte-quarte, *mi*, *la*, *ut*.

L'accord parfait est majestueux : les accords de sixte et de sixte-quarte sont très doux.

mais ce sont toujours des accords composés des mêmes sons. C'est pour cela que les renversements ne sont pas à dédaigner dans la pratique. Toujours est-il que voilà trois combinaisons d'un accord qui n'a que trois sons. Ceux qui en ont quatre sont susceptibles de quatre combinaisons, puisque chacun des quatre sons peut être porté à la basse : *Sol si re fa ; si re fa sol, re fa sol si, fa sol si re*. Mais en portant au-dessous de ces combinaisons une autre basse qui, sous toutes les combinaisons d'un même accord présente toujours le son fondamental, il est évident qu'on réduit au tiers le nombre des accords consonnants, et au quart le nombre des dissonants. Ajoutez à cela tous les accords par supposition, qui se réduisent encore aux mêmes fondamentaux, vous trouverez l'harmonie extraordinairement simplifiée.

Bien moduler et observer la liaison, sont les deux plus importantes règles de la basse fondamentale ; et la principale règle mécanique qui en découle est de ne la faire marcher que par intervalles consonnants (unisson, tierce ou quinte). Si ce n'est seulement dans un acte de cadence brisée ou après un accord de septième diminuée, qu'elle monte diatoniquement, mais descendre jamais, et cela est tout au plus toléré dans le cas de deux accords parfaits, séparés par un repos exprimé ou sous-entendu.

Des accords parfaits sur les mouvements, sans lesquels ces accords n'auraient point de liaison, ou des accords dissonants dans des actes de cadence ; c'est ce qu'on trouvera toujours dans une basse bien faite : en tout autre cas la dissonance ne saurait être ni bien placée ni bien sauvée.

De là, 1. monter ou descendre de tierce ou de sixte ; 2. de quarte ou de quinte ; 3. monter diatoniquement au moyen de la dissonance qui forme la liaison, ou par licence sur un accord parfait. Toute autre marche est mauvaise pour la basse fondamentale.

3. Toutes les modulations qui se trouvent dans une pièce ne sont pas dans le mode de la pièce, et il y en a qui sont accidentellement et momentanément dans un autre mode, et dans ce cas les accords doivent être différents, et conformément au mode dans lequel on se trouve : c'est une des plus grandes difficultés pour les commençants, de savoir distinguer lorsque le mode change, car pour entrer dans un autre mode il faut une cadence préparée, c'est-à-dire qu'il faut à la dernière note du mode qui finit faire entrer dans l'accord la sensible ou la septième du mode dans lequel on va entrer. Ceci se comprendra par les exemples ci-dessous :

Premier mode. KYRIE *Dumont.*

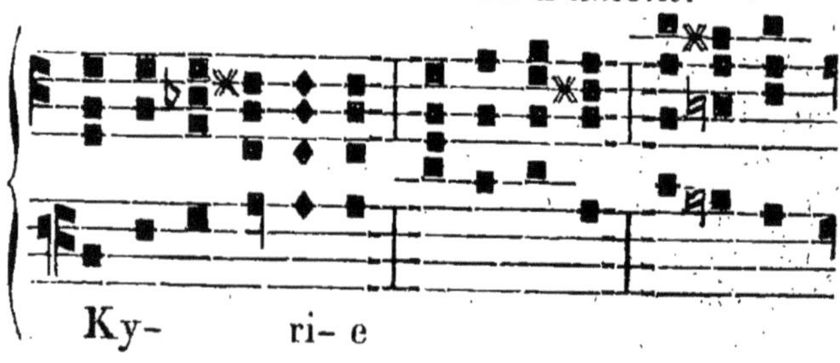

e- le-i-son.

Cette pièce est en *re*, mais à la quatrième note on passe en *la*. La troisième porte en accord le *re* comme préparation ; à la septième on repasse en *re*, la sixième devrait porter *ut* dièze comme sensible du mode de *re*.

Deuxième mode.

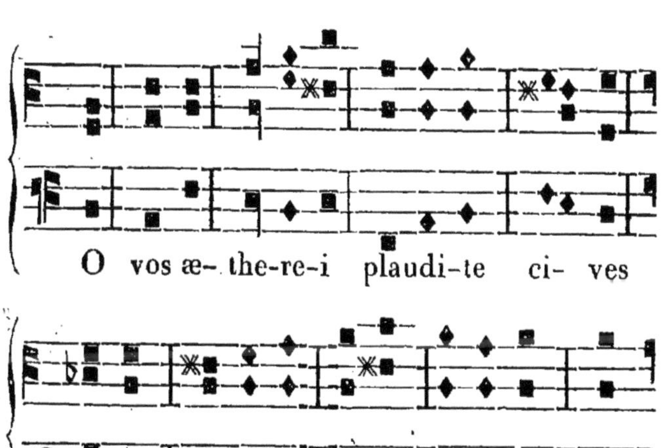

Hæc est il- la di- es cla- ra tri-um-pho

Troisième mode.

Quatrième mode.

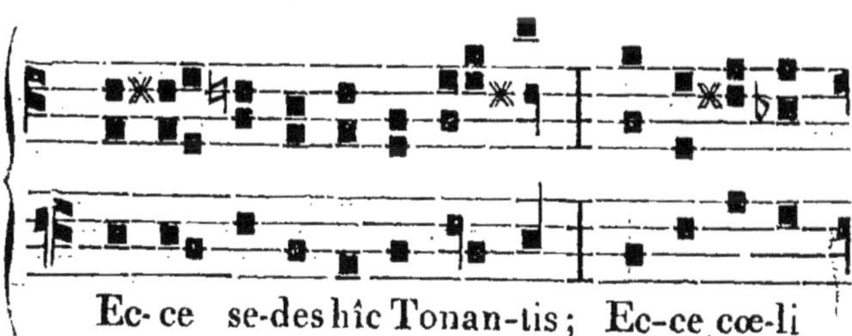

ja- nu- â : Hîc sacerdos, a- ra, tem-
plum, Hîc Deus fit hos-ti- a : In-cru-
en- tâ mor-te ju- gis Hîc a-mor li-tat

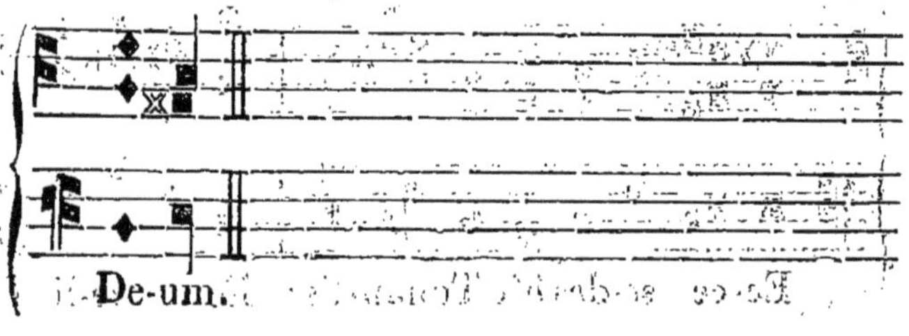
De-um.

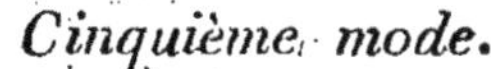

Cinquième mode.

A-do-ro-te supplex, la-tens De-i-tas, Ti-
Quæ sub his fi-gu-ris ve-rè la-ti-tas;

bi se cor me-um totum subji-cit, Qui-à

te contemplans totum de-fi-cit.

Sixième mode.

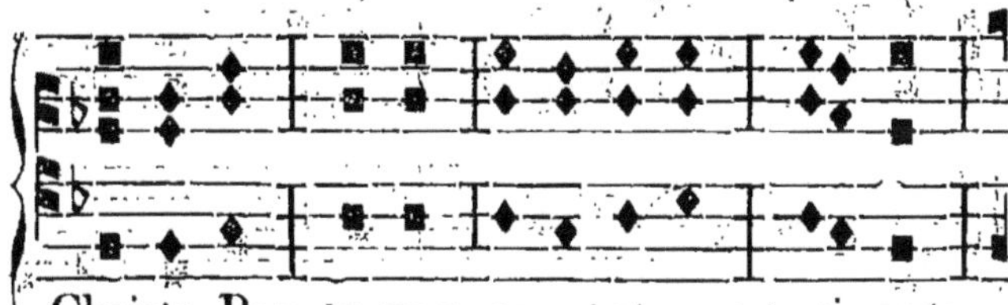

Christe, Pas-to-rum caput at-que princeps,

Septième mode.

Huitième mode.

INTONATIONS,

TENEURS, MÉDIANTES, TERMINAISONS ET MODÈLES D'IMPOSITION D'ANTIENNES POUR CHAQUE MODE DE LA PSALMODIE.

PREMIER MODE.

Pour le Faux-Bourdon.

Autre modulation pour le Faux-Bourdon.

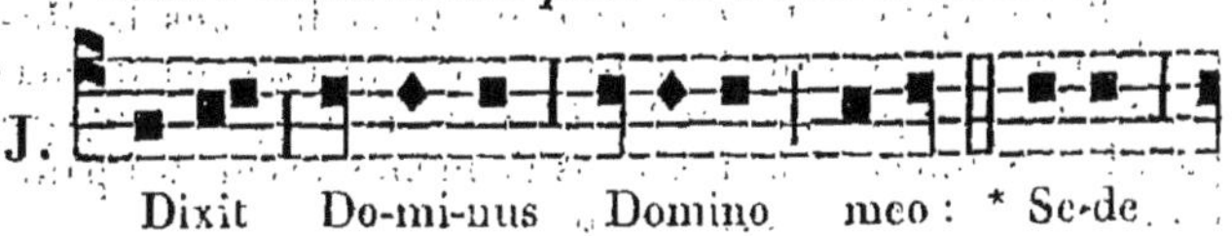

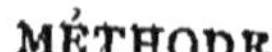

Les autres Versets se commencent par la dominante, excepté pour les Cantiques évangéliques, et quand l'orgue joue (*).

DEUXIÈME MODE.

Modèles d'imposition pour les antiennes du 2e mode.

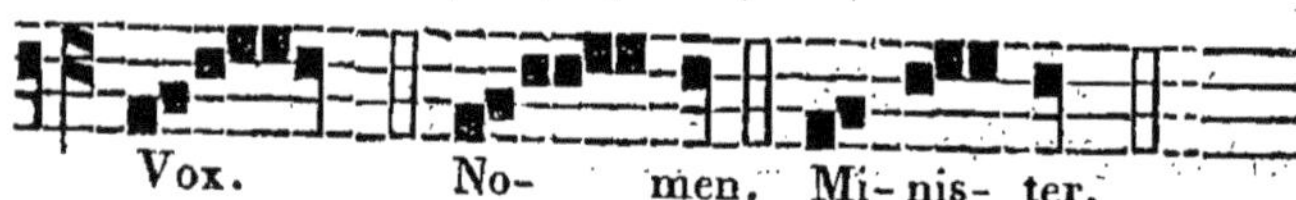

INTONATIONS, ETC.

Intonation. Teneur. Médiante.

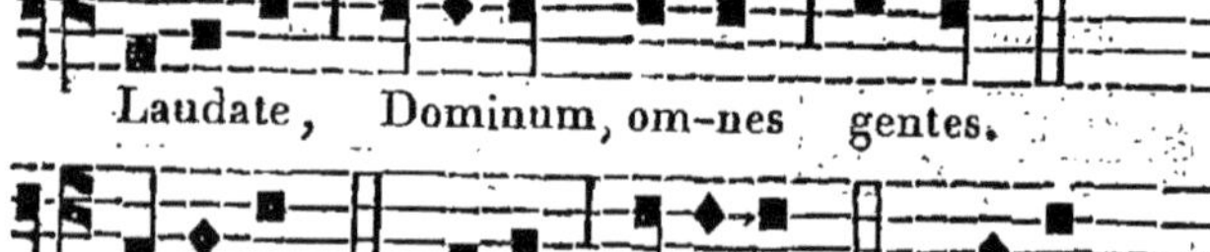

Be-ne-dic. Di-xit Dominus. Credi-di...

Sur les monosyllabes et les mots hébreux indéclinables. *Médiante.*

(*) Nous répétons ici ce que nous avons dit dans la Méthode, que dans les modes impairs ou authentes, les intonations sont les mêmes pour les Cantiques évangéliques que pour les Psaumes. Il n'en est pas de même des modes pairs, comme on le verra dans la suite.

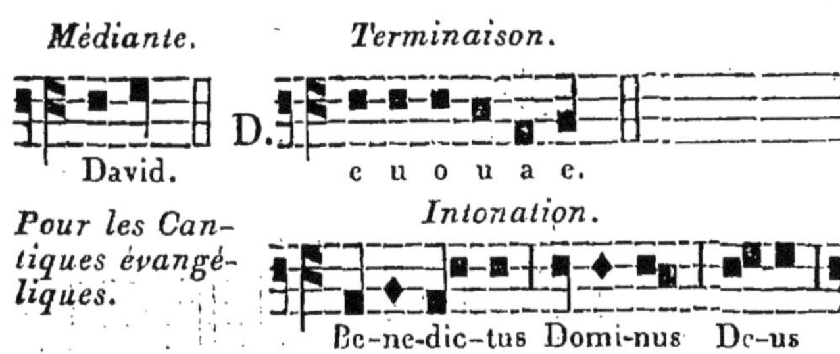

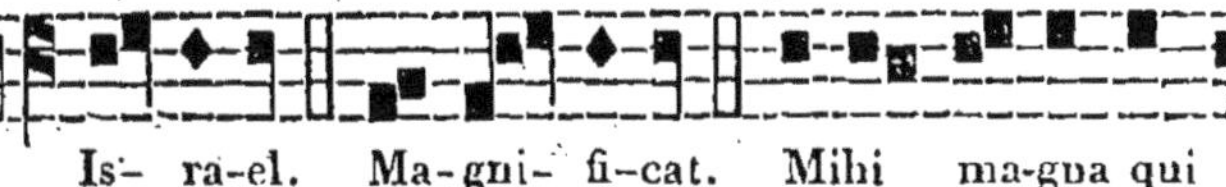

Depuis les Complies du Samedi Saint jusqu'à None du samedi de la semaine de Pâques inclusivement, les Psaumes des Heures se chantent sur le ton suivant :

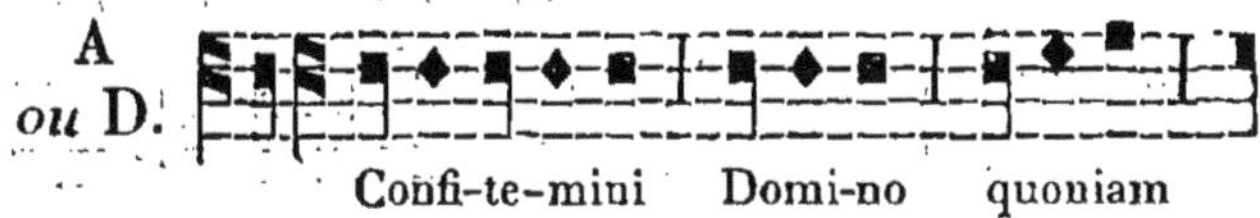

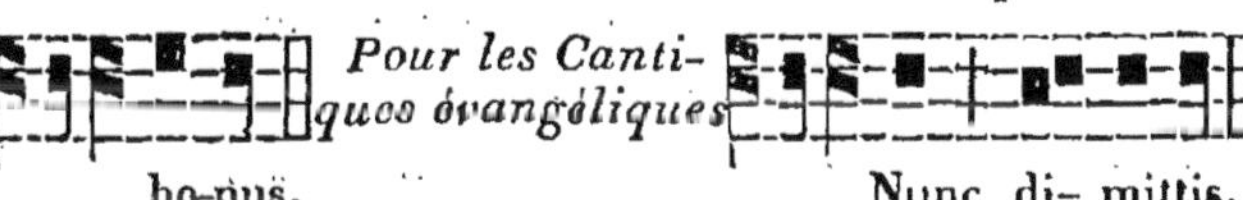

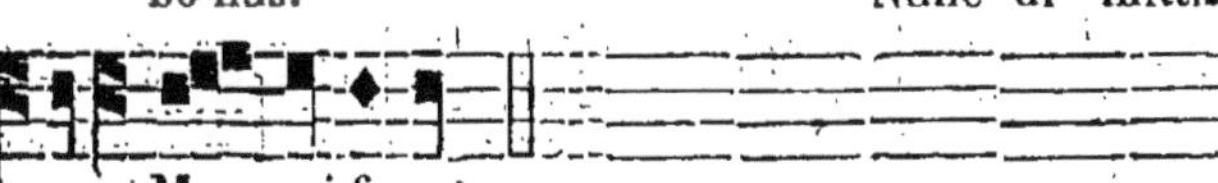

Médiante.

Pour les monosyllabes, etc., on doit dire :

Propter quòd lo-cu-tus sum

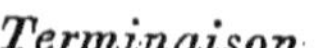

Terminaison.

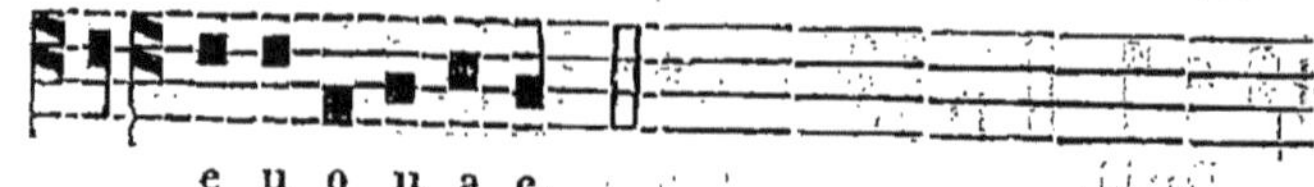

Pour le Faux-Bourdon.

Médiante.

Les autres versets se commencent par la dominante.

TROISIÈME MODE.

Modèles d'imposition pour les antiennes du 3e mode.

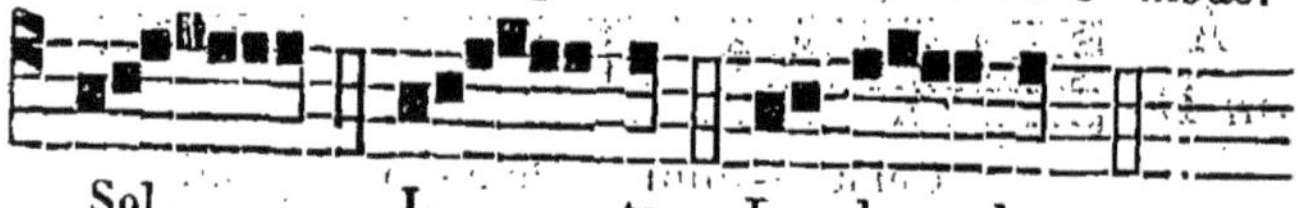

INTONATIONS, ETC.

Intonation. Teneur. Médiante.

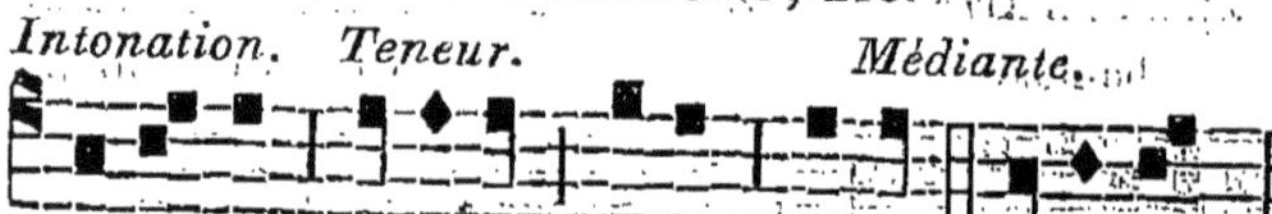

Terminaison.

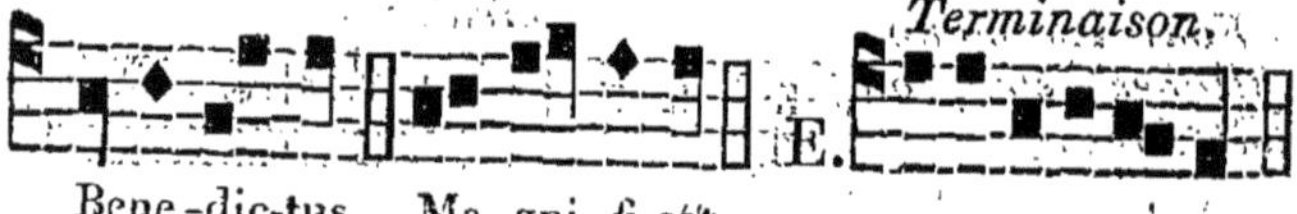

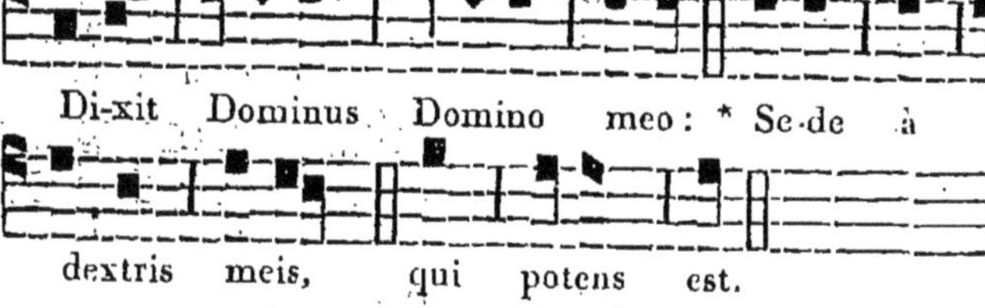

Les autres versets se commencent par la dominante.

QUATRIÈME MODE.

Modèles d'imposition pour les antiennes du 4e mode.

INTONATIONS, ETC.

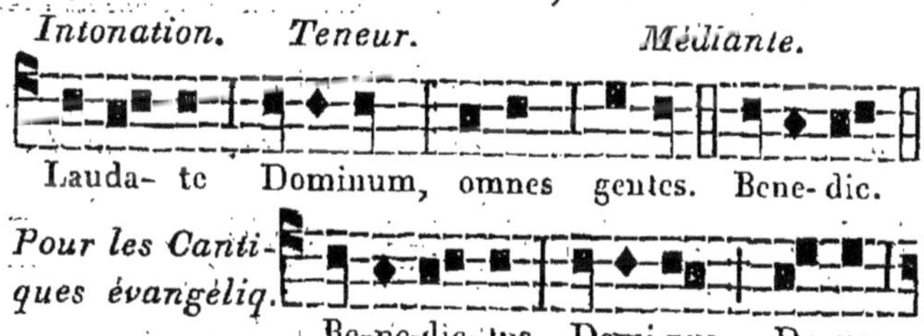

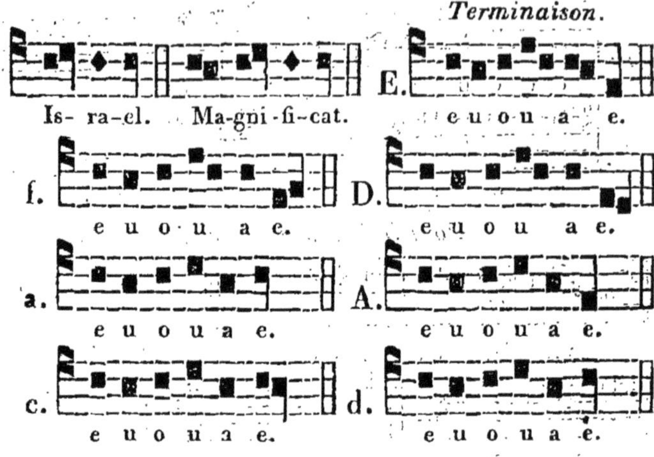

Pour le Faux-Bourdon.

Les autres versets se commencent par la dominante.

CINQUIÈME MODE.

Modèles d'imposition pour les antiennes du 5e mode.

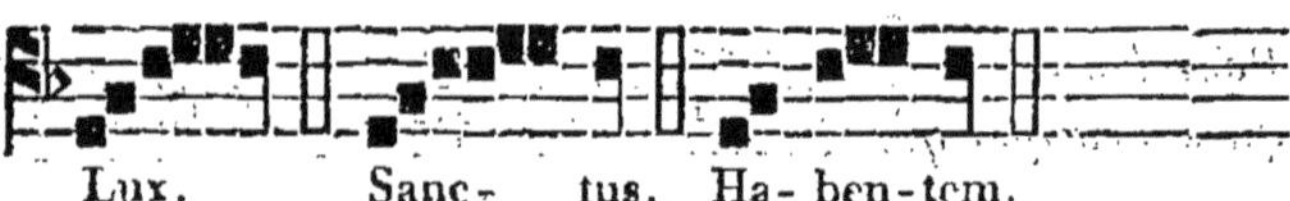

INTONATIONS, etc.

Les autres versets se commencent par la dominante.

SIXIÈME MODE.

Modèles d'imposition pour les antiennes du 6e mode.

INTONATIONS, ETC.

Intonation. Teneur. Médiante.

Terminaisons.

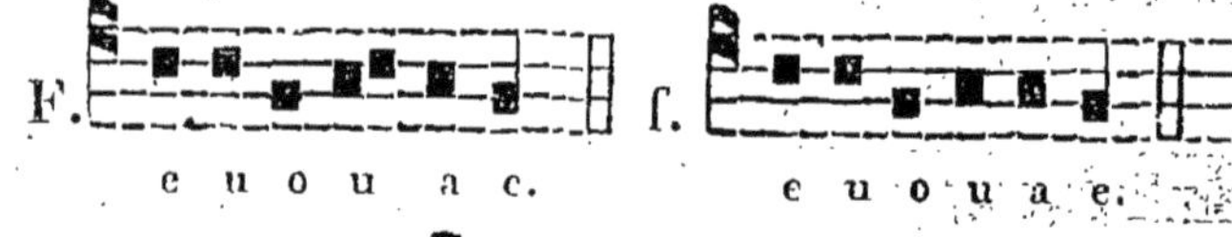

Pour les Cantiques évangéliques.

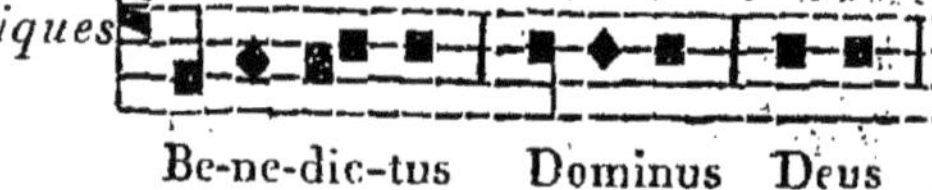

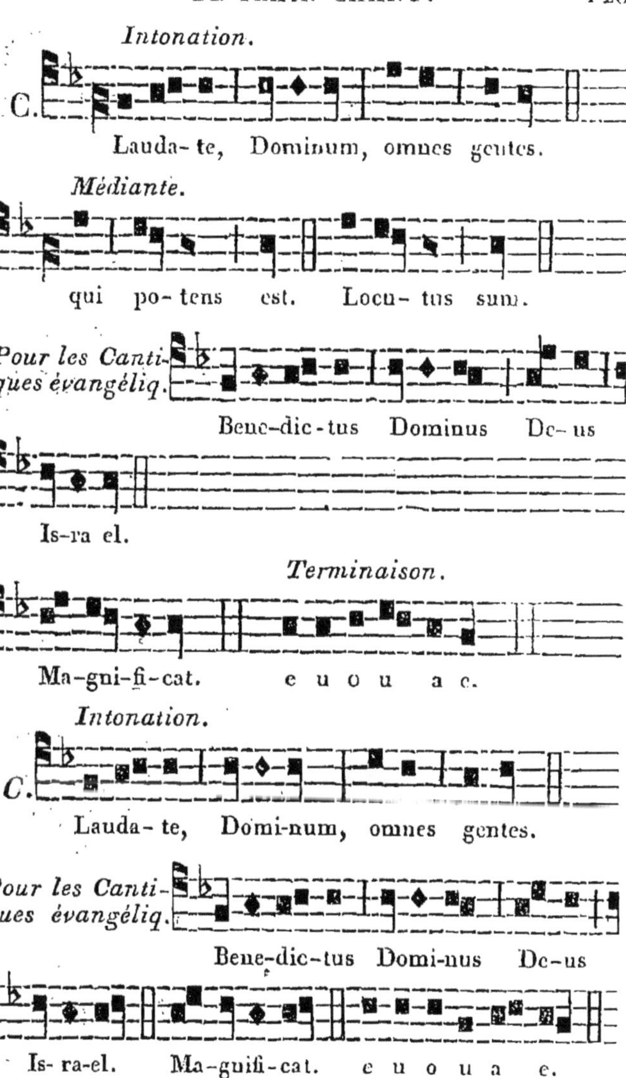
Intonation.
C.
Lauda- te, Dominum, omnes gentes.
Médiante.
qui po- tens est. Locu- tus sum.
Pour les Canti-ques évangéliq.
Bene-dic-tus Dominus De- us
Is-ra el.
Terminaison.
Ma-gni-fi-cat. e u o u a e.
Intonation.
C.
Lauda- te, Domi-num, omnes gentes.
Pour les Canti-ques évangéliq.
Bene-dic-tus Domi-nus De-us
Is- ra-el. Ma-gnifi-cat. e u o u a e.

Les autres versets se commencent par la dominante.

SEPTIÈME MODE.

Modèles d'imposition pour les antiennes du 7e mode.

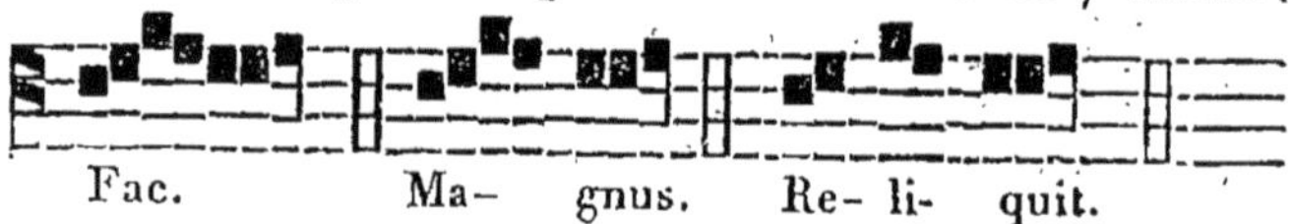

INTONATIONS, ETC.

Intonation. Teneur. Médiante.

Lauda-te Dominum, om-nes gentes.

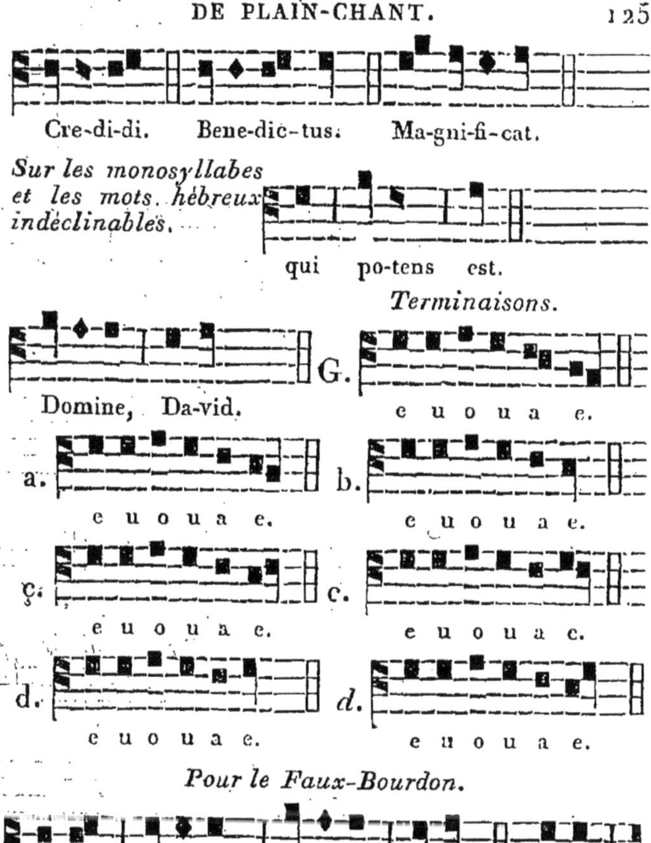

à dextris me-is.

Les autres versets se commencent par la dominante.

HUITIÈME MODE.

Modèles d'imposition pour les antiennes du 8e mode.

Vox. No- men. Vi- ce- runt.

INTONATIONS, ETC.

Intonation. Teneur. Médiante.

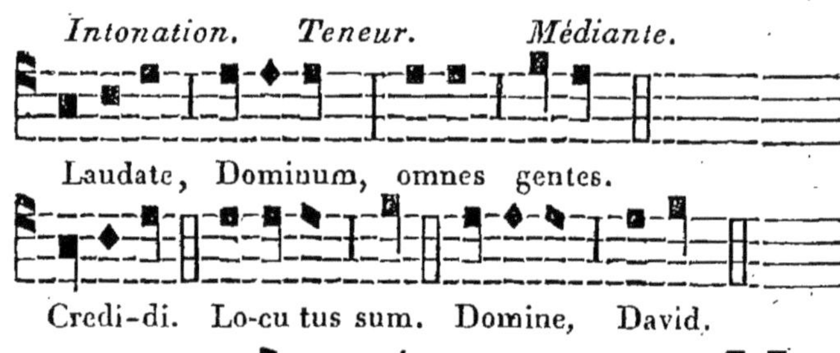

Laudate, Dominum, omnes gentes.

Credi-di. Lo-cu tus sum. Domine, David.

Pour les Canti-ques évangéliq.

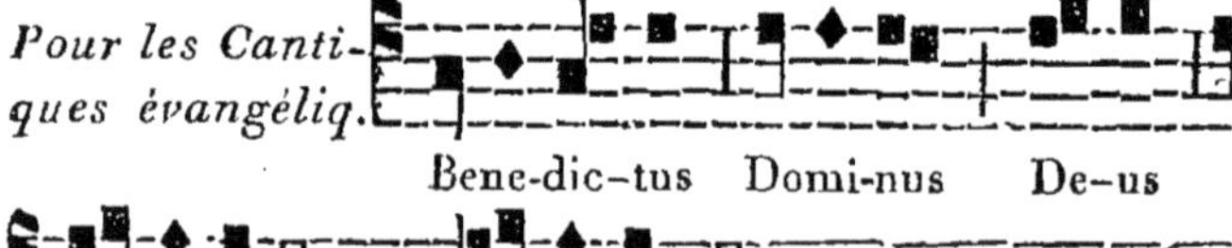

Bene-dic-tus Domi-nus De-us

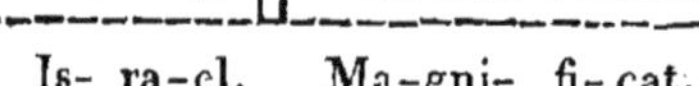

Is- ra-el. Ma-gni- fi-cat.

Terminaisons.

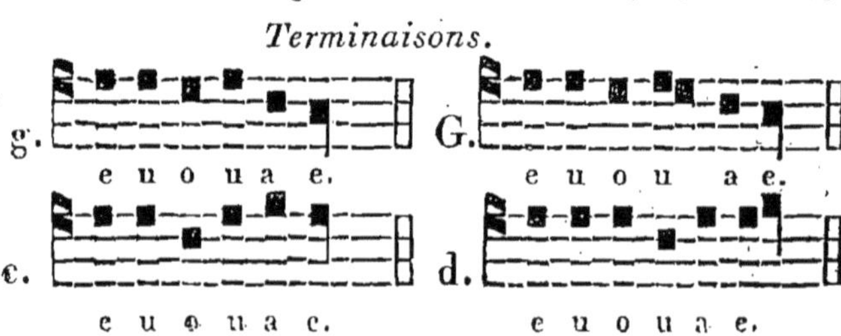

g. e u o u a e.
G. e u o u a e.
c. e u o u a e.
d. e u o u a e.

Pour le Faux-Bourdon.

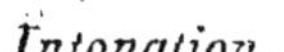

Intonation.

Dixit Do-minus Domino meo : * Sede à

Médiante.

dextris, meis. De-us Is-ra-el.

Les autres versets se commencent par la dominante.

NEUMES,

OU ABRÉGÉ DES MODULATIONS LES PLUS FRÉQUENTES DANS CHACUN DES HUIT MODES.

EXERCICES.

Gamme dans le mode majeur.

En descendant.
Quartes en montant.
En descendant.
Quintes en montant.
En descendant.
Sixtes en montant.
En descendant.
Octaves en montant.
En descendant.

Mêmes modulations avec leurs intervalles.

On fera de même quartes, quintes, sixtes et octaves, en y joignant les intervalles de la même manière.

Toutes les modulations en montant.

En descendant.

Gamme en intervalles de tierce.

En montant. *En descendant.*

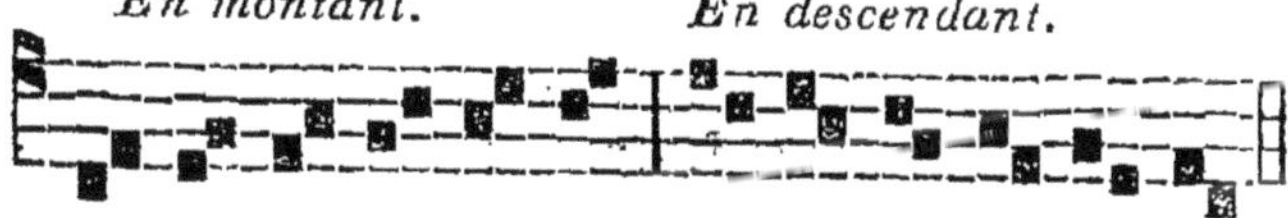

Gamme en intervalles de quartes.

En montant. *En descendant.*

Gamme en intervalles de quintes.
En montant.
En descendant.
Gamme en intervalles de sixièmes.
En montant.
En descendant.
N° 2.
UT queant la- xis, REso-na-re fi-bris, MI-
ra gesto- rum FAmuli tu- o-rum, SOL-ve pollu-ti
LAbi-i re- a- tum, Sancte Joan-nes.

FIN.

www.ingramcontent.com/pod-product-compliance
Ingram Content Group UK Ltd.
Pitfield, Milton Keynes, MK11 3LW, UK
UKHW020228220726
13923UKWH00002B/564